# 傳習録

卷　貳（共貳卷）

【原文】

## 答陸原靜書（二）

來書云：「良知，心之本體，卽所謂性善也，未發之中也，寂然不動之體也，廓然大公也，何常人皆不能而必待於學邪？中也，寂也，公也，既以屬心之體，則良知是矣。今驗之於心，知無不良，而中、寂、大公實未有也。豈良知復超然於體用之外乎？」

性無不善，故知無不良，良知卽是未發之中，卽是廓然大公，寂然不動之本體，人人之所同具者也。但不能不昏蔽於物欲，故須學以去其昏蔽。然於良知之本體，初不能有加損於毫末也。知無不良，而中、寂、大公未能全者，是昏蔽之未盡去，而存之未純耳。體卽良知之體，用卽良知之用，寧復有超然於體用之外者乎？

【译文】

你信中说：「良知是心的本体，就是所谓的性善、未发之中、寂然不动的本体、廓然大公，为什么常人一定要经过学习才能做到呢？中和寂静、大公无私，既然属于心的本体，就是良知了。现在在心中验证，良知都是好的，而中和寂静、大公无私却没有，难道良知是超然于体用之外吗？」

本性没有不善的，所以知没有不良的。良知就是未发之中、廓然大公、寂然不动的本体，人人都具有。但是，良知不能避免物欲的遮蔽，所以必须学习以清除蒙蔽。不过这对于良知的本体，不会有丝毫的损害。知没有不良的，但中和、寂静、大公无私没有完全呈现，是因为蒙蔽未清除干净，良知存养还不纯粹罢了。体是良知的本体，用是良知的应用，哪有超然于体用之外的良知呢？



【原文】

來書云：「周子曰『主靜』，程子曰『動亦定，靜亦定』，先生曰：『定者心之本體，是靜定也，決非不睹不聞、無思無爲之謂，必常知、常存、常主於理之謂也。』夫常知、常存、常主於理，明是動也，已發也，何以謂之靜？何以謂之本體？豈是靜定也，又有以貫乎心之動靜者邪？」

理無動者也。「常知、常存、常主於理」，卽「不睹不聞，無思無爲」之謂也。不睹不聞、無思無爲非槁木死灰之謂也，睹聞思爲一於理，而未嘗有所睹聞思爲，卽是動而未嘗動也；所謂「動亦定，靜亦定」，體用一原者也。

【译文】

你信中说：「周敦颐先生说『主静』，程颐先生说『动亦定，静亦定』，先生说：『定者，心之本体』。这个静和定，决不是不看不听、不想不做的意思，而是一定要保持认知、保持存养、保持遵从天理。』保持认知、保持存养、保持遵从天理，明明是动，是已发动的状态，怎么能说是静？怎么能说是本体？难道这个静、定又贯穿于心的动、静之中吗？」

天理是不动的。「保持认知、保持存养、保持遵从天理」，就是「不看、不听、不思、不做」的意思。不看、不听、不思、不做并不是身如槁木、心如死灰。看、听、想、做与理合为一体，而没有其他的看、听、想、做，这就是动又不曾动；程颐先生所说的「动亦定，静亦定」，是指本体和作用是统一的。

【原文】

來書云：「此心未發之體，其在已發之前乎？其在已發之中而爲之主乎？其無前後內外而渾然之體者乎？今謂心之動靜者，其主有事無事而言乎？其主寂然、感通而言乎？其主循理、從欲而言乎？若以循理爲靜，從欲爲動，則於所謂動中有靜，靜中有動，動極而靜，靜極而動者，不可通矣。若以有事而感通爲動，無事而寂然爲靜，則於所謂動而無動，靜而無靜者，不可通矣。若謂未發在已發之先，靜而生動，是至誠有息也，聖人有復也，又不可矣。若謂未發在已發之中，則不知未發、已發俱當主靜乎？抑未發爲靜，而已發爲動乎？抑未發、已發俱無動無靜乎？俱有動有靜乎？幸教。」

「未發之中」即良知也，無前後、內外而渾然一體者也。有事、無事，可以言動靜，而良知無分於有事、無事也。寂然感通，可以言動靜，而良知無分於寂然感通也。動靜者所遇之時，心之本體固無分於動靜也。理無動者也，動卽爲欲。循理則雖酬酢萬變而未嘗動也，從欲則雖槁心一念而未嘗靜也。動中有靜，靜中有動，又何疑乎？有事而感通，固可以言動，然而寂然者未嘗有增也。無事而寂然，固可以言靜，然而感通者未嘗有減也。動而無動，靜而無靜，又何疑乎？無前後內外而渾然一體，則至誠有息之疑，不待解矣。未發在已發之中，而已發之中未嘗別有未發者在；已發在未發之中，而未發之中未嘗別有已發者存；是未嘗無動靜，而不可以動靜分者也。

凡觀古人言語，在以意逆志而得其大旨，若必拘滯於文義，則靡有孑遺者，是周果無遺民也。周子「靜極而動」之說，苟不善觀，亦未免有病。蓋其意從「太極動而生陽，靜而生陰」說來。太極生生之理，妙用無息，而常體不易。太極之生生，卽陰陽之生生。就其生生之中，指其妙用無息者而謂之動，謂之陽之生，非謂動而後生陽也。就其生生之中，指其常體不易者而謂之靜，謂之陰之生，非謂靜而後生陰也。若果靜而後生陰，動而後生陽，則是陰陽、動靜截然各自爲一物矣。陰陽一氣也，一氣屈伸而爲陰陽；動靜一理也，一理隱顯而爲動靜。春夏可以爲陽爲動，而未嘗無陰與靜也；秋冬可以爲陰爲靜，而未嘗無陽與動也。春夏此不息，秋冬

此不息，皆可謂之陽，謂之動也；春夏此常體，秋冬此常體，皆可謂之陰、謂之靜也。自元、會、運、世、歲、月、日、時，以至刻、杪、忽、微，莫不皆然，所謂動靜無端，陰陽無始，在知道者默而識之，非可以言語窮也。若只牽文泥句，比擬仿像，則所謂心從《法華》轉，非是轉《法華》矣。

【译文】

你信中说：「人心未发的本体，是在已发之前呢，还是在已发之中并主导着已发？或者是未发、已发不分先后、内外而浑然一体？现在所说心的动、静，是以有事、无事来说呢，还是从寂静不动、感应相通来说？或者是就遵循天理、服从欲望来说呢？如果认为遵循天理为静止，服从私欲为运动，那么所谓的动中有静，静中有动，动极而静，静极而动就说不通了。如果以有事感应为运动，无事寂静为静止，那么所谓的动而无动，静而无静就讲不通了。如果说未发在已发之前，静产生动，那么至诚便有息了，圣人便要向德回复，这就不对了。如果说未发在已发之中，那么不知道未发、已发都主宰静呢，还是未发为静，已发为动？或者是未发、已发都是无动无静、有动有静呢？请指教。」

「未发之中」就是良知，没有前后、内外的差别，浑然一体。有事、无事可以用动、静来说，而良知不能分有事、无事；寂静、感应可以用动、静来说，而良知却不能分寂静、感应。动与静是根据时间而变化的，心的本体原本不分运动或静止。天理是固定静止的，动就是私欲。遵循天



理则千变万化也不曾动，服从私欲即使心中只有一念产生也不是静。「动中有静，静中有动」，这又有什么可怀疑呢？有事感应相通，固然可以说是动，但是寂静不动的良知并没有增加什么；没事寂静不动，固然可以说是静，但是感应相通的良知并没有减少什么。动而无动，静而无静，又有什么可怀疑呢？良知没有前后、内外的差别而浑然一体，那么对至诚有息的怀疑，就不用解释了。未发在已发之中，但已发之中未尝另有未发存在；已发在未发之中，但未发之中未尝另有已发存在。这里未尝没有动、静，只是不能用动、静来区分。

凡是看古人说的话，在于用心体察从而明白其主旨，如果一定要拘泥于文字，那么靡有孑遗这句话就该解释为周朝果真没有遗民了。周敦颐先生「静极而动」的学说，如果不很好体察，难免会出错，这是由于他的意思是从「太极动而生阳，静而生阴」上来说的。太极运动变化的道理，妙用无穷，但其本体是永恒不变的。太极的运动变化就是阴阳的运动变化，在其运动变化中，就其妙用无穷来说就是动，就是阳的产生，而不是运动后才产生阳；在其运动变化中，就其本体永恒不变来说就是静，就是阴的产生，而不是静止后才产生阴。如果真的是静止后才生阴，运动后才生阳，那么阴阳、动静就是截然不同的两个事物。阴阳是同一种气，气的伸缩产生阴阳；动静是一个理，理的隐藏、表现就是动静。春夏可以说是阳是动，但未尝没有阴和静；秋冬可以说是阴是静，但未尝没有阳和动。春夏秋冬变化不止，都是阳都是动；春夏秋冬的本体永恒不变，都是阴都是静。从元、会、运、世、岁、月、日、时一直到刻、秒、忽、微，都是这样。所谓

动静没有开端，阴阳没有起始，对于明白天道的人来说，可以默默体会，却不能完全用语言表达。如果只是拘泥于文辞，比拟模仿，那就是所谓的《法华经》支配着心转，而不是心支配着《法华经》转了。

【原文】

來書云：「嘗試於心，喜、怒、憂、懼之感發也，雖動氣之極，而吾心良知一覺，即罔然消阻，或遏於初，或制於中，或悔於後。然則良知常若居優閑無事之地而爲之主，於喜、怒、憂、懼若不與焉者，何歟？」

知此，則知未發之中、寂然不動之體，而有發而中節之和、感而遂通之妙矣。然謂良知常若居優閑無事之地，語尚有病。蓋良知雖不滯於喜、怒、憂、懼，而喜、怒、憂、懼亦不外於良知也。

【译文】

你信中说：「我曾经在心中验证过，喜怒忧惧的感情产生时，即使特别生气，只要我心中良知发现，就会慢慢缓和消解，有时是在初发时制止，有时在发作的过程中制止，有时在事后才悔悟。但是，良知好像常常在悠闲无事的地方主宰着感情，与喜怒忧惧似乎没有什么关系，这是为什么呢？」

你明白了这一点，就能认知未发之中、寂然不动的本体，就能体验到所发而中节之和、感而



相通的奇妙了。不过，认为良知好像常常在悠闲无事的地方，这话有毛病。良知虽然不滞留于喜怒忧惧等感情中，但喜怒忧惧也不存在于良知以外。

【原文】

來書云：「夫子昨以良知爲照心。竊謂：良知，心之本體也；照心，人所用功，乃戒慎恐懼之心也，猶思也。而遂以戒慎恐懼爲良知，何歟？」

能戒慎恐懼者，是良知也。

【译文】

你信中说：「先生昨天讲良知就是照心。我认为：良知是心的本体，照心是人所用的功夫，就是戒慎恐惧的心，好比是思想。而先生把戒慎恐惧当作良知，为什么呢？」

能让人戒慎恐惧的，就是良知。

【原文】

來書云：「先生又曰『照心非動也』，豈以其循理而謂之靜歟？『妄心亦照也』，豈以其良知未嘗不在於其中，未嘗不明於其中，而視聽言動之不過則者，皆天理歟？且既曰妄心，則在妄心可謂之照，而在照心則謂之妄矣。妄與息何異？今假妄之照以續至誠之無息，竊所未明，幸再啓蒙。」

照心非動者，以其發於本體明覺之自然，而未嘗有所動也；有所動卽妄矣。妄心亦照者，以其本體明覺之自然者，未嘗不在於其中，但有所動耳；無所動卽照矣。無妄無照，非以妄爲照，以照爲妄也。照心爲照，妄心爲妄，是猶有妄有照也。有妄有照則猶貳也，貳則息矣。無妄無照則不貳，不貳則不息矣。

【译文】

你信中说：「先生又说『照心非动也』，难道是因为它遵循天理而说它静吗？『妄心亦照也』，难道是因为良知未尝不在妄心中，又未尝不在妄心中明照，而人的视听言动能够不违背原则的，都是天理吗？既然说妄心，那么良知对于妄心来说就是照，而对于照心来说就是妄。妄与息还有什么不同？现在把妄心有照与至诚无息联系起来，我不清楚，请先生再指教。」

照心非动，是因为它来自本体天然的明觉，所以不曾动，有所动就是妄了。妄心亦照，因为本体天然明觉未尝不在妄心中，只是有所动罢了。不动就是照。说无妄无照，并不是把妄心当作照心，把照心当作妄心。把照心当作照，把妄心当作妄，这依然是认为妄心和照心并立而存，没有看到妄心的本体也是恒照。认为有妄有照，就是把妄心和照心视为两个心，把心一分为二，良知就停息了。无妄无照则是把心视为一个统一体，良知就不会停息了。









【原文】

來書云：「養生以清心寡欲爲要。夫清心寡欲，作聖之功畢矣。然欲寡則心自清，清心非舍棄人事而獨居求靜之謂也，蓋欲使此心純乎天理，而無一毫人欲之私耳。今欲爲此之功，而隨人欲生而克之，則病根常在，未免滅於東而生於西。若欲刊剶洗蕩於衆欲未萌之先，則又無所用其力，徒使此心之不清。且欲未萌而搜剔以求去之，是猶引犬上堂而逐之也，愈不可矣。」

必欲此心純乎天理，而無一毫人欲之私，此作聖之功也。必欲此心純乎天理，而無一毫人欲之私，非防於未萌之先，而克於方萌之際不能也。防於未萌之先，而克於方萌之際，此正《中庸》「戒慎恐懼」、《大學》「致知格物」之功，舍此之外，無别功矣。夫謂「滅於東而生於西，引犬上堂而逐之」者，是自私自利、將迎意必之爲累，而非克治洗蕩之爲患也。今曰「養生以清心寡欲爲要」，只養生二字，便是自私自利，將迎意必之根。有此病根潛伏於中，宜其有「滅於東而生於西，引犬上堂而逐之」之患也。

【译文】

你信中说：「养生最关键是清心寡欲，能做到清心寡欲，做圣人的功夫就完成了。私欲少

则心自然清净，清心并不是要舍弃人事而隐居独处来求静，而是存养此心纯粹为天理，没有一丝一毫的私欲。现在想要在这方面下功夫，私欲一旦产生就随时克制，但是由于病根未除，难免这边的私欲克制了那边的私欲又生出来。如果想在各种私欲产生之前就把它们清除干净，又不知从何处下手，反而使自己的心不清净。况且，在私欲产生前四处搜寻并清除它，就好像是把狗带进屋里再赶它出去，更不行了。」

一定要使己心无一丝一毫的私欲，纯粹为天理，这是成为圣人的功夫。想做到这一点，就要在私欲产生前防范它，并在私欲产生时克制它。在私欲产生前防范并在产生时克制，这就是《中庸》里的「戒慎恐惧」、《大学》里的「致知格物」的功夫，除此之外，没有其他功夫。所谓的「这边的私欲克制了那边的私欲又生出来，把狗牵进屋里再驱赶出去」的情况，是自私自利、刻意追求造成的结果，而不是克制扫荡私欲本身的问题。现在你说「养生的关键是清心寡欲」，养生两字就是有自私自利、刻意追求的根源。这个病根潜伏在心中，就会产生「灭于东而生于西引犬上堂而逐之」的弊病。

【原文】

來書云：「佛氏『於不思善、不思惡時認本來面目』，於吾儒『隨物而格』之功不同。吾若於不思善、不思惡時用致知之功，則已涉於思善矣。欲善惡不思而心之良知清靜自在，惟有寐而方醒之時耳，斯正孟子『夜氣』之



說。但於斯光景不能久，倏忽之際，思慮已生。不知用功久者，其常寐初醒而思未起之時否乎？今澄欲求寧靜，愈不寧靜；欲念無生，則念愈生。如之何而能使此心前念易滅，後念不生，良知獨顯而與造物者遊乎？」

「不思善、不思惡時認本來面目」，此佛氏爲未識本來面目者設此方便。「本來面目」即吾聖門所謂「良知」。今既認得良知明白，即已不消如此説矣。「隨物而格」，是「致知」之功，即佛氏之「常惺惺」，亦是常存他本來面目耳。體段工夫，大略相似。但佛氏有箇自私自利之心，所以便有不同耳。今欲善惡不思而心之良知清靜自在，此便有自私自利，將迎意必之心，所以有「不思善、不思惡時用致知之功，則已涉於思善」之患。孟子説「夜氣」，亦只是爲失其良心之人指出箇良心萌動處，使他從此培養將去。今已知得良知明白，常用致知之功，即已不消説夜氣；卻是得兔後不知守兔而仍去守株，兔將復失之矣。欲求寧靜，欲念無生，此正是自私自利、將迎意必之病，是以念愈生而愈不寧靜。良知只是一箇良知，而善惡自辨，更有何善何惡可思？良知之體本自寧靜，今卻又添一箇求寧靜；本自生生，今卻又添一箇欲無生；非獨聖門致知之功不如此，雖佛氏之學亦未如此將迎意必也。只是一念良知，徹頭徹尾，無始無終，即是前念不

滅，後念不生。今卻欲前念易滅，而後念不生，是佛氏所謂斷滅種性，入於槁木死灰之謂矣。

【译文】

你信中说：「佛教『主张在不思善、不思恶时认识本来面目』，同我们儒家『根据事物的具体情况去研究事理的格物』功夫不同。我如果在不思善、不思恶时下致知的功夫，其实已经是在思善了。要想不思善恶而心中的良知处于清静自在的状态只有睡觉刚醒时可以，这正是孟子所说的『夜气』。但是这个时间不能维持太久，瞬息之间思虑就产生了。不知道用功时间长的人，能否经常像睡觉刚醒、思虑未生时那样呢？现在我想摒弃私欲求得宁静，却越发静不下来；想使杂念不生，杂念却更多。怎样才能使心中前念易灭、后念不生，良知独自显现并与大道相合呢？」

「不思善、不思恶时认识本来面目」，这是佛家为了让那些不识本来面目的人能够参悟佛性而提出的简易方法。「本来面目」就是圣学所说的「良知」，现在既然能认清良知，就不需要这样说了。「根据事物的具体情况去研究事理是致知的功夫」，也就是佛教所说的「经常保持清醒」，也就是经常存养他的本来面目。儒佛两家的形式与功夫大致相似，但佛家有自私自利之心，这就同儒学有了差别。现在想不思善恶而保持心中良知清静自在，这就是有自私自利、刻意追求的心，所以有「不思善、不思恶时用致知之功，则已涉于思善」的毛病。孟子说「夜气」，也仅仅是给那些失去良心的人指明良心产生的地方，使他从这里存养良心。现在你已经清楚地认识了良知，经常下致知的功夫，就不需要说夜气了。否则，就像得到兔子后不知看住它，却依然去守着树，那么兔子就会重新丢失。欲求宁静，欲念无生，这正是自私自利、刻意追求的弊病，所以欲念越生而心越是静不下来。良知只有一个，能自然分辨善恶，哪还有什么善恶可想？良知原本是宁静的，现在却又添了一个求宁静；良知原本是充满生机的，现在却又添上一个不生杂念，不但圣学的致知功夫不是这样，就连佛教也不主张如此刻意追求。只要一心只在良知上，从头至尾，无始无终，就是前念不灭，后念不生。现在你却想前念易灭、后念不生，这就是佛教所讲的断灭种性，即泯灭心灵的明觉，进入身如槁木、心如死灰的状态了。

【原文】

來書云：「佛氏又有『常提念頭』之說，其猶孟子所謂『必有事』，夫子所謂『致良知』之說乎？其卽常惺惺、常記得、常知得、常存得者乎？於此念頭提在之時，而事至物來，應之必有其道。但恐此念頭提起時少，放下時多，則工夫間斷耳。且念頭放失，多因私欲客氣之動而始，忽然驚醒而後提。其放而未提之間，心之昏雜多不自覺。今欲日精日明，常提不放，以何道乎？只此常提不放卽全功乎？抑於常提不放之中，更宜加省克之功乎？雖曰常提不放，而不加戒懼克治之功，恐私欲不去；若加戒懼克治之功焉，又爲思善之事，而於本來面目又未達一間也。如之何則

产生疑问的原因，想必是对「明」字的意思不清楚，也是你稍微有些心急。以前我曾和你当面讨论过「明善」的含义，明善就是诚身，而不是像朱熹对明善所解释的那么肤浅。

【原文】

來書云：「聰明睿知果質乎？仁義禮智果性乎？喜怒哀樂果情乎？私欲客氣果一物乎？二物乎？古之英才若子房、仲舒、叔度、孔明、文仲、韓、範諸公，德業表著，皆良知中所發也，而不得謂之聞道者，果何在乎？苟曰此特生質之美耳，則生知安行者，不愈於學知困勉者乎？愚意竊雲謂諸公見道偏則可，謂全無聞，則恐後儒崇尚記誦訓詁之過也。然乎？否乎？」

性一而已。仁、義、禮、智，性之性也；聰、明、睿、知，性之質也；喜、怒、哀、樂，性之情也。私欲客氣，性之蔽也。質有清濁，故情有過、不及，而蔽有淺深也。私欲、客氣，一病兩痛，非二物也。張、黄、諸葛及韓、範諸公，皆天質之美，自多暗合道妙；雖未可盡謂之知學，盡謂之聞道，然亦自其有學，違道不遠者也。使其聞學知道，即伊、傅、周、召矣。若文中子則又不可謂之不知學者，其書雖多出於其徒，亦多有未是處，然其大略則亦居然可見。但今相去遼遠，無有的然憑證，不可懸斷其所至矣。



夫良知即是道。良知之在人心，不但聖賢，雖常人亦無不如此。若無有物欲牽蔽，但循著良知發用流行將去，即無不是道。但在常人多爲物欲牽蔽，不能循得良知。如數公者，天質既自清明，自少物欲爲之牽蔽，則其良知之發用流行處，自然是多，自然違道不遠。學者學循此良知而已，謂之知學，只是知得專在學循良知。數公雖未知專在良知上用功，而或泛濫於多岐，疑迷於影響，是以或離或合而未純；若知得時，便是聖人矣。後儒嘗以數子者尚皆是氣質用事，未免於行不著，習不察，此亦未爲過論。但後儒之所謂著察者，亦是狃於聞見之狹，蔽於沿習之非，而依擬仿象於影響形迹之間，尚非聖門之所謂著察者也；則亦安得以己之昏昏，而求人之昭昭也乎？所謂「生知安行」，「知行」二字亦是就用功上説；若是知行本體，即是良知良能，雖在困勉之人，亦皆可謂之「生知安行」矣。「知行」二字更宜精察。

【译文】

你信中说：「聪明睿智真是人的禀赋吗？仁义礼智真是人的本性吗？喜怒哀乐真是人的情感吗？私欲与客气是一回事还是两回事？古代的豪杰像张良、董仲舒、黄宪、诸葛亮、王通、韩琦、范仲淹等人，功业卓著，这都是从他们良知中发出来的，但又不能说他们都是认识圣道

可？」

「戒懼克治」即是「常提不放」之功，即是「必有事焉」，豈有兩事邪？此節所問，前一段已自説得分曉，末後卻是自生迷惑，説得支離，及有「本來面目未達一間」之疑，都是自私自利將迎意必之爲病。去此病，自無此疑矣。

【译文】

你信中说：「佛教又有『常提念头』的说法，这就像孟子所说的『必有事』，先生所说的『致良知』吗？也就是常惺惺、常记得、常知得、常存得吗？在提起这个念头时，面对各种事物，一定会有恰当的方法去应对。但恐怕这念头提起的时候少而放下的时候多，那样功夫就中断了。况且念头的丧失，大多是由于私欲及客气的冲动造成的，要突然惊醒后才提起来。在放下之后提起之前，人心昏暗杂乱常常自己不能觉察，现在想使念头日益精进明亮，常提不放，有什么办法吗？单单一个常提不放就是全部的功夫吗？还是在常提不放的同时，还应该增加反省克制的功夫？就算做到了常提不放，如果不加上戒惧克制的功夫，恐怕还不能清除私欲；如果加上戒惧克制的功夫，又成了思善的事了，同本来面目又不一致了。到底该怎么做才好呢？」

「戒惧克制」就是「常提不放」的功夫，就是「必有事焉」，怎么会是两回事呢？你上面提的问题，我前面已说得十分清楚，后来你自己又产生了困惑，话说得支离破碎，以至于产生「本来面目难以一致」的疑问，这都是自私自利、刻意追求造成的弊病。去掉这个弊病，自然就没有什么疑问了。



【原文】

來書云：「質美者明得盡，渣滓便渾化。如何謂明得盡？如何而能便渾化？」

良知本來自明。氣質不美者，渣滓多，障蔽厚，不易開明。質美者渣滓原少，無多障蔽，略加致知之功，此良知便自瑩徹。些少渣滓如湯中浮雪，如何能作障蔽？此本不甚難曉。原靜所以致疑於此，想是因一「明」字不明白，亦是稍有欲速之心。向曾面論「明善」之義，明則誠矣，非若後儒所謂明善之淺也。

【译文】

你信中说：「程颢先生说：质美者明得尽，渣滓便浑化。怎么样叫明得尽？怎么样才能便浑化呢？」

良知本来就是自然光明的。本质差的人身上的毛病缺点很多，遮蔽也就厚，良知不容易呈现出光明。本质好的人身上的毛病缺点少，没有多少遮蔽，稍微用些致知的功夫，他们的良知就自然能晶莹透彻。一点点毛病就像热汤中飘浮的雪花，怎么能遮蔽呢？这本来不难懂，你对此

的人，为什么？如果说他们天资卓异，那么生知安行的人难道不如学知利行、困知勉行的人吗？我以为，如果说他们对道的认识不全面还说得过去，如果说他们完全不认识道，恐怕是后世儒生崇尚背诵训诂所形成的偏见。对不对？」

人性只有一个，仁义礼智是人性的本质，聪明睿智是人性的禀赋，喜怒哀乐是人性的情感，私欲、客气是人性的蒙蔽。本质有清浊之分，所以感情有过分或欠缺的不同，蒙蔽也有深浅。私欲、客气是一种病引发的两种痛苦，而不是两种事物。张良、黄宪、诸葛亮、韩琦、范仲淹等人，都是天生资质美好，自然与道的奇妙有许多巧合的地方。虽然不能说他们完全明白圣学、通晓圣道，但他们的学问才识离圣道也并不远。假如他们能全面通晓圣道，那他们就成了伊尹、傅说、周公、召公了。至于王通，则又不能说他不明白圣学，他的书虽然多出自学生之手，其中也有不少错误，但是其学问的轮廓还是可以看出来的。然而由于年代相隔久远，又没有真凭实据，所以不能凭空断定他的学问离圣道还有多远。

良知就是道。良知自在人心中，不管是圣贤还是普通人都是如此。如果没有物欲牵累遮蔽，但凭良知发挥运行，就都是道。但是，普通人大多为物欲蒙蔽，不能遵循良知。像上面谈到的几个人，天生资质清纯明亮，牵累遮蔽的物欲较少，所以良知发挥运行的地方就多，自然离道较近。所谓「学」就是指学习遵循这个良知而已。所谓知学，只是明白应该专心学习遵循良知。他们几个人虽不知道专心在良知上用功，有的兴趣广泛，受到别的东西影响或迷惑，所以他们有时偏离道，有时符合道，没有达到纯粹的境界；然而，假如他们明白了这一点，就是圣人了。后世儒生曾经认为他们几个全凭天资建功立业，未免是不知其然，更不知其所以然，这样评价他们并不过分。不过，后世儒生所说的著察，也是拘泥于狭窄的见闻，受到旧有习惯的蒙蔽，比拟模仿圣人的影响和事迹，并不是圣学所谓的著察。自己糊涂怎么能使别人明白呢？所谓「生知安行」，「知行」两字是从用功方面说的；至于说知行的本体，其实就是良知良能。从这个角度讲，即使是困知勉行的人，也都可以说是「生知安行」。对「知行」两字更应该仔细体察。

【原文】

來書云：「昔周茂叔每令伯淳尋仲尼、顔子樂處。敢問是樂也，與七情之樂同乎？否乎？若同，則常人之一遂所欲，皆能樂矣，何必聖賢？若別有真樂，則聖賢之遇大憂、大怒、大驚、大懼之事，此樂亦在否乎？且君子之心常存戒懼，是蓋終身之憂也，惡得樂？澄平生多悶，未嘗見真樂之趣，今切願尋之。」

「樂」是心之本體，雖不同於七情之樂，而亦不外於七情之樂。雖則聖賢別有真樂，而亦常人之所同有，但常人有之而不自知，反自求許多憂苦，自加迷棄。雖在憂苦迷棄之中，而此樂又未嘗不存，但一念開明，反身而誠，則即此而在矣。每與原靜論，無非此意，而原靜尚有何道可得之問，是

猶未免於「騎驢覓驢」之蔽也。

【译文】

你来信说：「从前，周敦颐先生常常要程颢寻找孔子与颜回都乐些什么。我想问此乐与七情之乐是否相同？如果相同，那么普通人一旦满足了自己的欲望，就都能快乐，又何必做圣贤呢？如果另外有真正的快乐，那么圣贤遇到大忧、大怒、大惊、大惧的事情时，这个乐还存在吗？况且君子心中常怀戒惧，这是终生的忧虑，怎么能快乐呢？我平时多烦恼，还不曾体会到真正的乐趣，现在真切地想找到这种乐趣。」

「快乐」是人心的本体，虽然与七情的快乐有区别，但也不外于七情之乐。虽然圣贤另有真正的快乐，不过常人同样也有，只是自己不明白，反而自寻许多忧愁苦恼，自己在迷茫中丢弃了真正的快乐。但即使在迷茫忧苦丢弃的时候，真正的快乐依然存在，只要一念明觉，返求自身的虔诚，就能感到这种快乐。我每次与你讲都是这个意思，而你却还问有什么办法可以找到快乐，这未免是「骑驴找驴」呀？

【原文】

來書云：「《大學》以心有好樂、忿懥、憂患、恐懼爲不得其正，而程子亦謂聖人情順萬事而無情。所謂『有』者，《傳習録》中以病瘧譬之，極精切矣。若程子之言，則是聖人之情不生於心而生於物也，何謂耶？且事感而情應，









則是是非非可以就格。事或未感時，謂之有，則未形也；謂之無，則病根在有無之間，何以致吾知乎？學務無情，累雖輕而出儒入佛矣，可乎？」

聖人致知之功，至誠無息。其良知之體，皦如明鏡，略無纖翳，妍媸之來，隨物見形，而明鏡曾無留染，所謂情順萬事而無情也。無所住而生其心，佛氏曾有是言，未爲非也。明鏡之應物，妍者妍，媸者媸，一照而皆真，卽是生其心處。妍者妍，媸者媸，一過而不留，卽是無所住處。病瘧之喻，既已見其精切，則此節所問可以釋然。病瘧之人，瘧雖未發，而病根自在，則亦安可以其瘧之未發而遂忘其服藥調理之功乎？若必待瘧發而服藥調理，則既晚矣。致知之功無間於有事無事，而豈論於病之已發未發邪？大抵原靜所疑，前後雖若不一，然皆起於自私自利，將迎意必之爲祟。此根一去，則前後所疑，自將冰消霧釋，有不待於問辨者矣。

【译文】

你来信说：「《大学》以心有好乐、愤怒、忧患、恐惧为不得其正，而程颢又说圣人情顺万事而无情。所谓『有』情，《传习录》中用疟疾来比喻，十分精辟。至于程颢先生这句话的意思，则是圣人的情感不是产生于心而是产生于物，为什么这样说呢？如果感觉到事物而产生了相应的情感，其中的是非可以辨别格除。如果没有感受到事物，说有情吧，情并没有显现；说没有

情吧，情卻像病根一样潜伏着，说有却无，说无却有，这怎么能致知呢？学习务必要做到无情，这样牵累虽然少了，却又滑入佛教的泥潭，这可以吗？」

圣人致知的功夫，就是至诚不息。圣人良知的本体，皎皎如明镜一样，没有一丝纤尘遮蔽。美丑随时在镜中现出它的原形，明镜却不受丝毫污染，这就是所谓的情顺万事而无情。无所住而生其心，佛家这样说并不错。明镜照物，美者自美，丑者自丑，一照就显出真相，这就是生其心。美者自美，丑者自丑，照过后镜子上什么也没留下，这就是无所住。你既然认为疟疾的比喻十分精辟，那么这里的问题自然迎刃而解。有疟疾的人，病尽管没有犯，病根却在，怎么能因病没有发作而忘了吃药调理呢？如果一定要等待病发再吃药治疗，那就晚了。致知的功夫，不分有事无事时都要做，哪管病是否发作呢？你的疑问，虽然前后不一，但都是由于自私自利、刻意追求引起的。这个病根一去，那么你前前后后的疑问，自然像冰化雾散一样，用不着再去问辨了。

【原文】

《答原靜書》出，讀者皆喜。澄善問，師善答，得聞所未聞。師曰：「原靜所問，只是知解上轉，不得已與之逐節分疏。若信得良知，只在良知上用工，雖千經萬典，無不吻合，異端曲學，一勘盡破矣。何必如此節節分解？佛家有撲人逐塊之喻，見塊撲人，則得人矣，見塊逐塊，於塊奚得哉？」在坐諸友聞知，惕然皆有惺悟。此學貴反求，非知解可入也。









【译文】

《答陆原静书》公开后，读者们都很高兴。认为陆澄善于提问，先生善于解答，内容都是过去没有听到过的东西。先生说：「原静所问的仅仅是在认知上纠缠，没办法只得分段解释。如果真的相信良知，只在良知上下工夫，即使千经万典没有不符合的，异端邪学一触即溃，何必要这样分段解释呢？佛学中有狗不咬人而追逐石块的比喻，看到石块去扑人，才能咬住人；见到石块追逐石块，在石块上能得到什么呢？」在座的同学们听了，都悚然有所省悟。先生的学问贵在反省内求，不是从认知上可以获得的。

【原文】

答歐陽崇一

崇一來書云：「師云：『德性之良知，非由於聞見。若曰多聞擇其善者而從之，多見而識之，則是專求之見聞之末，而已落在第二義。』竊意良知雖不由見聞而有，然學者之知，未嘗不由見聞而發。滯於見聞固非，而見聞亦良知之用也。今曰落在第二義，恐爲專以見聞爲學者而言。若致其良知而求之見聞，似亦知行合一之功矣。如何？」

良知不由見聞而有，而見聞莫非良知之用，故良知不滯於見聞，而亦不離於見聞。孔子云：「吾有知乎哉？無知也。」良知之外，別無知矣。

故「致良知」是學問大頭腦，是聖人教人第一義。今云專求之見聞之末，則是失却頭腦，而已落在第二義矣。近時同志中蓋已莫不知有致良知之説，然其功夫尚多鶻突者，正是欠此一問。

大抵學問功夫只要主意頭腦是當，若主意頭腦專以致良知爲事，則凡多聞多見，莫非致良知之功。蓋日用之間，見聞酬酢，雖千頭萬緒，莫非良知之發用流行。除却見聞酬酢，亦無良知可致矣，故只是一事。若曰致其良知而求之見聞，則語意之間未免爲二，此與專求見聞之末者雖稍不同，其爲未得精一之旨，則一而已。「多聞，擇其善者而從之，多見而識之」，既云擇，又云識，其良知亦未嘗不行於其間，但其用意乃專在多聞多見上去擇識，則已失却頭腦矣。崇一於此等處見得當已分曉，今日之問，正爲發明此學，於同志中極有益。但語意未瑩，則毫釐千里，亦不容不精察之也。

【译文】

欧阳崇一来信说：「先生说：『德性之良知，非由于闻见，若曰多闻择其善者而从之，多见而识之，则是专求之见闻之末，而已落在第二义。』我认为良知虽然不是来自见闻，但是学者的知识，未尝不是从见闻中产生的。拘泥于见闻当然不对，但见闻也是良知的具体运用。现在先生说见闻应放在第二位，可能是针对专门把见闻当作学问的人来说的。如果为了致良知而在见闻上探求，似乎也是知行合一的功夫了。我这样说怎么样？」

良知不是来自见闻，但见闻都是良知的运用。所以，良知不局限于见闻，但也离不开见闻。孔子说：「我有知识吗？没有。」良知之外没有别的其他知了。所以做学问最关键的是「致良知」，这是圣人教育人的最重要的东西。现在说专门探求见闻的细节，就是失去了最重要的东西，已经落到次要的位置。近一段时间，同志们都已经知道致良知的学说，但是他们的功夫中还有许多粗糙糊涂的地方，正是欠缺你这一疑问。

大致来说，做学问的功夫必须把握住最关键的环节，如果把致良知看作是最关键的环节，那么见多识广则是致良知的功夫。日常生活中，见识应酬虽然头绪繁多，但都是良知的发挥应用。脱离了见识应酬，也就没有良知可致，所以这二者也只是一件事。如果说致良知要从见闻上探求，则言语之间不免把良知和见闻分成两件事，这与专门在见闻的细节上探求稍有不同，但他们不懂得精一的主旨却是相同的。「多闻，择其善者而从之，多见而识之」，既然说到择，又说识，可见良知已经在中间发挥作用，但是其用意还是在多闻多见上选择、认知，这就失去了最关键的环节。你对这些问题认识得已经十分清楚，今天这一问，正是为阐明致良知的学说，这对同志们有很大益处。只是意思表达得还不太明白，可能会出现差之毫厘、谬之千里的情况，所以不能不详细考察。

【原文】

來書云：「師云：『《係》言何思何慮，是言所思所慮只是天理，更無別思別慮耳，非謂無思無慮也。心之本體即是天理，有何可思慮得？學者用功，雖千思萬慮，只是要復他本體，不是以私意去安排思索出來。若安排思索，便是自私用智矣。』學者之蔽，大率非沈空守寂，則安排思索。德辛壬之歲著前一病，近又著後一病。但思索亦是良知發用，其與私意安排者何所取別？恐認賊作子，惑而不知也。」

「思曰睿，睿作聖」，「心之官則思，思則得之」。思其可少乎？沈空守寂與安排思索，正是自私用智，其爲喪失良知，一也。良知是天理之昭明靈覺處，故良知即是天理，思是良知之發用。若是良知發用之思則所思莫非天理矣。良知發用之思，自然明白簡易，良知亦自能知得。若是私意安排之思，自是紛紜勞擾，良知亦自會分別得。蓋思之是非邪正，良知無有不自知者。所以認賊作子，正爲致知之學不明，不知在良知上體認之耳。

【译文】

你来信中说：「先生说：『《系辞》中说的何思何虑，是指所思所虑的只是天理，再没有别的思虑，并不是说完全没有思虑。心的本体即是天理，有什么可思虑的呢？学者用功，虽千思万虑，只是要恢复他的本体，不是以私意来安排、思索出天理来。若安排思索，便是自私用智矣。』学者的弊病，大多不是枯守空寂，就是去安排思考。我在辛巳到壬午年间犯前一个毛病，近来又犯后一个毛病。但是思考也是良知的发挥运用，这与凭私意去安排有什么不同呢？我害怕把贼当作儿子，还迷惑而不知道。」

「思曰睿，睿作圣」，「心之官则思，思则得之」。怎么能缺少思考呢？枯守寂空和安排思考，正是为私欲用智，同样丧失了良知。良知是天理光明灵觉所在，所以良知就是天理，思考是良知的发挥运用。如果是良知发挥运用的思考，那么所思考的都是天理。良知发挥运用的思考，自然简单明白，良知自然可以认清。如果是私意安排的思考，自然思绪万千，纷纭芜杂，但良知自然也能分辨。可以说思考的是非好坏，良知没有不知的。所以出现认贼作子的情况，正是由于不明白致知的学问，不知道在良知上体认知。

【原文】

來書又云：「師云：『爲學終身只是一事，不論有事無事，只是這一件。若説寧不了事，不可不加培養，卻是分爲兩事也。』竊意覺精力衰弱，不足以終事者，良知也。寧不了事，且加休養，致知也。如何卻爲兩事？若事變之來，有事勢不容不了，而精力雖衰，稍鼓舞亦能支持，則持志以帥氣可矣。然言動終無氣力，畢事則困憊已甚，不幾於暴其氣已乎？此其

輕重緩急，良知固未嘗不知，然或迫於事勢，安能顧精力？或困於精力，安能顧事勢？如之何則可？」

「寧不了事，不可不加培養」之意，且與初學如此説亦不爲無益。但作兩事看了，便有病痛。在孟子言必有事焉，則君子之學終身只是集義一事。義者宜也，心得其宜之謂義。能致良知，則心得其宜矣，故集義亦只是致良知。君子之酬酢萬變，當行則行，當止則止，當生則生，當死則死，斟酌調停，無非是致其良知，以求自慊而已。故君子素其位而行，思不出其位。凡謀其力之所不及而彊其知之所不能者，皆不得爲致良知。而凡勞其筋骨，餓其體膚，空乏其身，行拂亂其所爲，動心忍性以增益其所不能者，皆所以致其良知也。若云「寧不了事，不可不加培養」者，亦是先有功利之心，計較成敗利鈍而愛憎取舍於其間，是以將了事自作一事，而培養又别作一事，此便有是内非外之意，便是自私用智，便是義外，便有不得於心勿求於氣之病，便不是致良知以求自慊之功矣。

所云「鼓舞支持，畢事則困憊已甚」，又云「迫於事勢，困於精力」，皆是把作兩事做了，所以有此。凡學問之功，一則誠，二則僞，凡此皆是致良知之意欠誠一真切之故。《大學》言誠其意者，如惡惡臭，如好好色，此之謂自慊。曾見有惡惡臭，好好色，而須鼓舞支持者乎？曾見畢事則困憊已甚者乎？曾有迫於事勢，困於精力者乎？此可以知其受病之所從來矣。

【译文】

你来信又说：「先生说：『为学终身只是一事，不论有事无事，只是这一件。若说宁不了事，不可不加培养，却是分为两事也。』我认为，感到精力衰竭，不能做完事的，是良知；宁可不处理事情，也要认真培养本原的，是致知，这怎么成两件事了呢？如果发生事变不能不处理，虽然精力衰微，只要稍微振作也能坚持下来，只要保持意志统帅气力就可以了。但是言语行动终究少气无力，做完事情就疲惫不堪，这不是等于滥用气力吗？这其中的轻重缓急，良知当然明白，但是有时迫于形势，怎么能顾及精力？有时精疲力竭，怎么能顾及形势呢？这该怎么办呢？」

「宁可不做事也不能不存养本原」，对初学者姑且这样说也不是没有好处。但把处理事情和存养本原当成两件事看就有弊端了。孟子说必有事焉，那么君子做学问就是终生集义这一件事。义就是宜，心做到了它应当做的就是义。能致良知，心就做到了它应当做的事，所以集义也就是致良知。君子待人接物应对种种事变，该做就做，该停就停，该生就生，该死就死，斟酌考虑都是致其良知，以求得自己心安理得罢了。所以君子素其位而行，思不出其位。凡是谋求自己力所不能及的事，勉强干自己才智不能胜任的事，都不能致良知。但凡是劳其筋骨，饿其体肤，

空乏其身，行拂乱其所为，动心忍性以增益其所不能的，都是为了致其良知。如果说「宁可不处理事，也不能不存养本原」，这也是先有功利心，计较其中的成败利弊后做出爱恨取舍，所以把做事与培养本原看成两件事，这就有了重视本原忽视做事的心态，就是为私欲用智，把义看作外在的东西，便会出现不得于心，勿求于气的弊病，就不是致良知使自己心安理得的功夫了。

你所说的「振作支持，做完后疲惫不堪」，又说「迫于形势，被精力所困」，都是把做事、存养本原看成两件事，所以才会有这样的疑问。凡是做学问的功夫，精一就是真诚，三心二意就是虚伪，这些都是因为致良知的心还缺乏真诚确切。《大学》中说诚其意者，如恶恶臭，如好好色，此之谓自慊。哪曾见过讨厌恶臭、喜好美色需要振作支持的呢？曾见过这些事做完后疲惫不堪吗？曾经有迫于形势、困于精力做这些事吗？由此可以知道病根在什么地方了。

【原文】

來書又有云：「人情機詐百出，御之以不疑，往往爲所欺，覺則自入於逆億。夫逆詐即詐也，億不信即非信也，爲人欺又非覺也。不逆不億而常先覺，其惟良知瑩徹乎？然而出入毫忽之間，背覺合詐者多矣。」

「不逆不億而先覺」，此孔子因當時人專以逆詐億不信爲心，而自陷於詐與不信，又有不逆不億者，然不知致良知之功，而往往又爲人所欺詐，故有是言；非教人以是存心而專欲先覺人之詐與不信也。以是存心，即是後世猜忌險薄者之事，而只此一念，已不可與入堯、舜之道矣。不逆不億而爲人所欺者，尚亦不失爲善，但不如能致其良知而自然先覺者之尤爲賢耳。崇一謂其惟良知瑩徹者，蓋已得其旨矣。然亦穎悟所及，恐未實際也。

蓋良知之在人心，亘萬古，塞宇宙，而無不同，不慮而知，恒易以知險，不學而能，恒簡以知阻，先天而天不違，天且不違，而況於人乎？況於鬼神乎？夫謂背覺合詐者，是雖不逆人而或未能無自欺也；雖不億人而或未能果自信也。是或常有求先覺之心，而未能常自覺也。常有求先覺之心，即已流於逆億而足以自蔽其良知矣；此背覺合詐之所以未免也。

君子學以爲己，未嘗虞人之欺己也，恒不自欺其良知而已；未嘗虞人之不信己也，恒自信其良知而已；未嘗求先覺人之詐與不信也，恒務自覺其良知而已。是故不欺則良知無所僞而誠，誠則明矣；自信則良知無所惑而明，明則誠矣。明誠相生，是故良知常覺常照。常覺常照，則如明鏡之懸，而物之來者自不能遁其妍媸矣。何者？不欺而誠則無所容其欺，苟有欺焉，而覺矣；自信而明，則無所容其不信，苟不信焉，而覺矣。是謂易以知險，簡以知阻，子思所謂「至誠如神，可以前知」者也。然子思謂「如神」，謂「可以前知」，猶二而言之，是蓋推言思誠者之功效，是猶爲不

能先覺者說也。若就至誠而言，則至誠之妙用即謂之神，不必言「如神」。至誠則無知而無不知，不必言「可以前知」矣。

【译文】

你信中又说：「人情诡诈多变，如果用诚信抵御它，常常会被欺骗，想发现他人诡诈，自己就会事先怀疑别人是否诚信。逆诈就是欺诈，臆不信就是不诚信，被人欺骗又不觉悟。不事先怀疑别人的欺诈和不诚实，却又能及时发现，只有良知晶莹透彻的人才能做到吧？然而欺诈与诚信看起来差别非常细微，因此不能觉悟和欺诈不实的人都很多。」

「不事先怀疑别人的欺诈和不诚信，而又能先知先觉」，这是孔子有针对性的话。当时许多人一心欺诈别人，做不诚信的事，深陷欺诈和不诚信的泥潭；有些人不欺诈、不随意猜测别人，但他们不知道致良知的功夫，常常被人欺骗。孔子的话不是教人存心去事先察觉他人的欺诈和虚伪。存心去体察别人的欺诈与虚伪，是后世猜忌、阴险、刻薄的人做的事。只要存有这一种念头，就已经进入不了尧舜圣道的大门了。不猜测别人欺诈、不臆想别人不诚信而被人欺骗，这样的人并没有丧失善良的本性，但不如能致其良知而自然能事先察觉奸伪的人更为贤明。你说只有良知晶莹透彻的人才能如此，基本上已把握了孔子的宗旨。不过，这也只是你的聪明所领悟到的，在实际生活中恐怕还没有体会到。

良知自在人心，横亘万古，充塞宇宙，都是相同的，所以古人说不虑而知，恒易以知险，不学而能，恒简以知阻，先天而天不违，天且不违，而况于人乎？况于鬼神乎？那些不能觉悟、欺诈不实的人，虽然不猜度别人欺诈，但他们也许不能不自欺；虽然不臆想别人是否诚信，但他们也许不能真有自信。这使他常常有寻求先觉的心，但却不能常常自我觉悟。常有探求先觉的心，就沦落于事先猜测别人欺诈和不诚信之中，而这足以遮蔽他们的良知。这就是为什么他们免不了不能觉悟和欺诈不实的缘故。

君子学习是为了提高自己的修养，从不忧虑别人欺骗自己，只是永远不欺骗自己的良知罢了；不担忧别人对自己不诚信，只是永远相信自己的良知；不去寻求预先察觉别人的欺诈和不诚信，只是永远努力体察自己的良知。所以，君子不欺骗自己，良知就虔诚而不虚伪，虔诚则良知晶莹透彻；君子自信，良知不受迷惑而晶莹透彻，这样也就虔诚了。晶莹透彻和诚信互相促进，所以良知能不断觉悟、不断明澈。常觉、常照的良知像高高悬挂的明镜，万事万物在它面前都不能隐藏其美丑，为什么这样说呢？良知不欺诈而真诚，也就不能容忍欺骗，遇到欺骗就能觉察；良知自信明澈，也就不能容忍不诚信，遇到不诚信就能察觉。这就是所谓的易以知险，简以知阻和子思所说的「至诚如神，可以前知」。不过子思说的「如神」、「可以前知」，还是分成两件事来说。因为他是从思诚的功效上说的，也还是给那些不能预先觉悟的人说的。如果针对至诚来说，那么至诚的奇妙运用就叫神，而不必说「如神」。如能至诚则能无知而又无所不知，不必说「可以前知」了。

【原文】

## 答羅整庵少宰書

某頓首啓：昨承教及《大學》，發舟匆匆，未能奉答。曉來江行稍暇，復取手教而讀之。恐至贛後人事復紛沓，先具其略以請。

來教云：「見道固難，而體道尤難。道誠未易明，而學誠不可不講。恐未可安於所見而遂以爲極則也。」

幸甚幸甚！何以得聞斯言乎？其敢自以爲極則而安之乎？正思就天下之有道以講明之耳。而數年以來，聞其説而非笑之者有矣，詬訾之者有矣，置之不足較量辨議之者有矣，其肯遂以教我乎？其肯遂以教我，而反復曉諭，惻然惟恐不及救正之乎？然則天下之愛我者，固莫有如執事之心深且至矣，感激當何如哉！夫德之不修，學之不講，孔子以爲憂。而世之學者稍能傳習訓詁，即皆自以爲知學，不復有所謂講學之求，可悲矣！夫道必體而後見，非已見道而後加體道之功也；道必學而後明，非外講學而復有所謂明道之事也。然世之講學者有二：有講之以身心者，有講之以口耳者。講之以口耳，揣摸測度，求之影響者也；講之以身心，行著習察，實有諸己者也。知此則知孔門之學矣。



【译文】

阳明顿首谨启：昨天承蒙教诲《大学》，匆匆上船，未能回答。今天清晨，趁着坐船有些空闲，我又把您的信拜读了一遍。到江西后恐怕杂事丛生，先在这里简略回复，请您指教。

您信中说：「认识道当然很难，而要切身体会道就更难。道的确不易明白，但是学问也确实不能不讲，恐怕不能满足于自己的见识而把它当作最高标准吧。」

荣幸之至！我从哪里能听到这样的教诲呢？我怎么敢心安理得地认为自己的见识达到了最高标准呢？我正想着如何求教天下有识之士以便阐明大道。数年来，听到我的学说，有人嘲笑，有人谩骂，有人不屑一顾认为不值得一辩，他们肯开导教诲我吗？他们肯教育我而反复开导，心存仁慈唯恐不能纠正拯救我的缺漏吗？由此可见，天下关心爱护我的人中，没有谁像您这样对我悉心关怀，我该怎样感激您呢？孔子曾忧虑德之不修，学之不讲，后世的学者稍稍能读经训诂，就认为自己融会贯通了学问，而不再对学问讲究探求，真可悲啊！圣道必须体察后才能明白，而不是认识了圣道之后再下体察的功夫；圣道必须学习后才能明白，而不是在讲求学问之外还有其他明道的事。然而世间讲学的人有两种：一是用身心来讲学，一是用口耳来讲学。用口耳讲学的人，推测揣摸，讲的是捕风捉影的事；用身心讲学的人，对现象和本质的把握，确实都是来自自己的良知。明白这一点，就能通晓圣学了。

【原文】

來教謂某「《大學》古本之復，以人之爲學但當求之於內，而程、朱格物之説不免求之於外，遂去朱子之分章而削其所補之傳」。

非敢然也。學豈有內外乎？《大學》古本乃孔門相傳舊本耳。朱子疑其有所脱誤，而改正補緝之，在某則謂其本無脱誤，悉從其舊而已矣。失在於過信孔子則有之，非故去朱子之分章而削其傳也。夫學貴得之心，求之於心而非也，雖其言之出於孔子，不敢以爲是也，而況其未及孔子者乎！求之於心而是也，雖其言之出於庸常，不敢以爲非也，而況其出於孔子者乎！且舊本之傳數千載矣，今讀其文詞，即明白而可通；論其工夫，又易簡而可入。亦何所按據而斷其此段之必在於彼，彼段之必在於此，與此之如何而缺，彼之如何而補？而遂改正補緝之，無乃重於背朱而輕於叛孔已乎？

【译文】

您信中说我「之所以恢复《大学》旧本，是认为做学问只应当在心中探求，而程朱的格物学说却是免不了要在心外探求，于是，否定了朱熹所分的章节，又删掉了他增补的传」。

我可不敢这样。学问难道有内外之分吗？《大学》旧本是孔子传下来的，朱熹认为其中有错误和遗失，于是加以纠正补充，我却认为旧本中没有错误、遗失，所以完全遵从旧本。我可能有过分相信孔子的过失，但不是要故意否定朱熹所分的章节，删掉他补充的传。做学问最重要的是要用心来体量，如果心里认为不对，即使孔子的话也不敢认为正确，何况那些不如孔子的人呢？如果心里认为正确，即使是普通人的话也不敢认为不对，何况是孔子的话呢？而且《大学》旧本流传了几千年，现在阅读，书中文句通顺易懂；书中讲的功夫也简单方便，容易入手。有什么根据断定这一段一定在这里，那一段一定在那里，这里缺了什么，那里有什么错误，于是加以纠正增补辑录？这难道不是对违背朱熹很在意，而对违背孔子却无所谓吗？



【原文】

來教謂：「如必以學不資於外求，但當反觀內省以爲務，則正心誠意四字亦何不盡之有？何必於入門之際，便困以格物一段工夫也？」

誠然誠然。若語其要，則修身二字亦足矣，何必又言正心？正心二字亦足矣，何必又言誠意？誠意二字亦足矣，何必又言致知，又言格物？惟其工夫之詳密，而要之只是一事。此所以爲精一之學，此正不可不思者也。夫理無內外，性無內外，故學無內外。講習討論，未嘗非內也；反觀內省，未嘗遺外也。夫謂學必資於外求，是以己性爲有外也，是義外也，用智者也；謂反觀內省爲求之於內，是以己性爲有內也，是有我也，自私者

也。是皆不知性之無内外也。故曰：精義入神，以致用也；利用安身，以崇德也；性之德也，合内外之道也。此可以知格物之學矣。

格物者，《大學》之實下手處，徹首徹尾，自始學至聖人，只此工夫而已，非但入門之際有此一段也。夫正心、誠意、致知、格物，皆所以修身而格物者，其所用力，日可見之地。故格物者，格其心之物也，格其意之物也，格其知之物也；正心者，正其物之心也；誠意者，誠其物之意也；致知者，致其物之知也。此豈有内外彼此之分哉？理一而已。以其理之凝聚而言，則謂之性；以其凝聚之主宰而言，則謂之心；以其主宰之發動而言，則謂之意；以其發動之明覺而言，則謂之知；以其明覺之感應而言，則謂之物。故就物而言謂之格，就知而言謂之致，就意而言謂之誠，就心而言謂之正。正者，正此也；誠者，誠此也；致者，致此也；格者，格此也。皆所謂窮理以盡性也。天下無性外之理，無性外之物。學之不明，皆由世之儒者認理爲外，認物爲外，而不知義外之説，孟子蓋嘗辟之，乃至襲陷其内而不覺，豈非亦有似是而難明者歟？不可以不察也。

凡執事所以致疑於格物之説者，必謂其是内而非外也；必謂其專事於反觀内省之爲，而遺棄其講習討論之功也；必謂其一意於綱領本原之約，而脱略於支條節目之詳也；必謂其沈溺於枯槁虚寂之偏，而不盡於物理人事之變也。審如是，豈但獲罪於聖門，獲罪於朱子？是邪説誣民，叛道亂正，人得而誅之也，而況於執事之正直哉？審如是，世之稍明訓詁，聞先哲之緒論者，皆知其非也，而況執事之高明哉？凡事之所謂格物，其於朱子「九條」之説，皆包羅統括於其中；但爲之有要，作用不同，正所謂毫釐之差耳。然毫釐之差而千里之謬實起於此，不可不辨。



【译文】

你信中说：“如果认为做学问不必到心外探求，只要专心反省内求就行了，那么，正心诚意这四个字还有什么没说尽的？又何必在初学时用格物的工夫困惑人呢？”

很对，很对！如果要说最关键的，那么，修身两字也就够了，何必还说正心呢？正心两字就够了，何必又说诚意呢？诚意两字就够了，何必又说致知，又说格物呢？之所以这样，只是由于做学问的功夫详细周密，而概括起来只是一件事。这就是所以称之为精一的学问，这一点不能不认真思考。天理没有内外区分，人性没有内外区分，所以学问也没有内外区别。讲习讨论未尝不是内，反省内求未尝就遗弃了外。如果认为学问一定离不开外求，这就是认为人性有外在的部分，这就是义外、用智；认为反观内省只是在心中探求，这就是认为人性还有内在的部分，这就是有我、自私。这两种观点都是不懂得人性没有内外之分。所以说：精义入神，以

致用也，利用安身，以崇德也；性之德也，合内外之道也。由此便可以明白格物的学问了。

格物是《大学》确切的入门地方，从头到尾，从开始学习到成为圣人，也只是这个功夫，而不仅仅是入门时的功夫。正心、诚意、致知、格物，都是为了修身。格物是人们每天能下的功夫中可以看得见的方面。所以，格物就是纠正心中的物欲，纠正意念中的物欲，纠正认识中的物欲；正心就是端正物欲之心；诚意就是使物欲之心虔诚；致知就是致其物欲的良知。这难道是有内外和彼此的分别吗？天理只有一个，从天理的凝聚来说就是性；从天理凝聚的主宰来说就是心；从天理主宰的发挥来说就是意；从天理发挥光明觉悟来说就是知；从天理的光明觉悟的感应来说就是物。所以从物来说就是格，从知来说就是致，从意来说就是诚，从心来说就是正。正就是正心，诚就是诚意，致就是致知，格就是格物，都是为了穷尽天理充分发挥本性。天下没有人性之外的天理，没有人性之外的事物。圣学不昌明，都是由于世上的儒生认为理在心外，物在心外，却不知道义外的学说孟子曾经批判过，以至于沿袭错误而不觉悟，这难道不是也有似是而非、难以明白吗？不能不体察呀。

你怀疑我的格物学说，一定是认为我肯定内求而否定外求；认为我专门致力于反省内悟而放弃外在的讲习讨论的功夫，认为我只重视简洁的纲领本原，而忽略详细的条目；认为我沉浸在枯槁虚寂的偏执中，而不能穷尽人情事理的变化。如果真是这样，难道我仅仅是圣门的罪人，仅仅是得罪朱熹先生吗？这简直是用邪说欺骗百姓，背离纲常扰乱正道，人人都可以杀了



我，何况像你这样正直的人呢？如果真是这样，世上稍微懂训诂的人，知道一些圣贤言论的人，都知道我是错误的，何况像你这样高明的人？我所说的格物涵盖了朱熹的「九条」，但我的格物学说自有关键之处，作用和朱熹先生的不同，这就是所说的毫厘之差。但是差之毫厘，谬之千里，不能不明辨呀。

**【原文】**

孟子辟楊、墨至於「無父、無君」。二子亦當時之賢者，使與孟子並世而生，未必不以之爲賢。墨子「兼愛」，行仁而過耳；楊子「爲我」，行義而過耳。此其爲說，亦豈滅理亂常之甚，而足以眩天下哉？而其流之弊，孟子至比於禽獸、夷狄，所謂「以學術殺天下後世」也。

今世學術之弊，其謂之學仁而過者乎？謂之學義而過者乎？抑謂之學不仁、不義而過者乎？吾不知其於洪水、猛獸何如也！孟子云：「予豈好辨哉？予不得已也！」楊、墨之道塞天下，孟子之時，天下尊信楊、墨，當不下於今日之崇尚朱說，而孟子獨以一人呶呶於其間，噫，可哀矣！韓氏云：「佛、老之害甚於楊、墨。」韓愈之賢不及孟子，孟子不能救之於未壞之先，而韓愈乃欲全之於已壞之後，其亦不量其力，且見其身之危，莫之救以死也矣！嗚呼！若某者，其尤不量其力，果見其身之危，莫

之救以死也矣。夫衆方嘻嘻之中，而獨出涕嗟，若舉世恬然以趨，而獨疾首蹙額以爲憂。此其非病狂喪心，殆必誠有大苦者隱於其中，而非天下之至仁，其孰能察之？

其爲《朱子晚年定論》，蓋亦不得已而然。中間年歲早晚，誠有所未考，雖不必盡出於晚年，固多出於晚年者矣。然大意在委曲調停，以明此學爲重。平生於朱子之説如神明蓍龜，一旦與之背馳，心誠有所未忍，故不得已而爲此。「知我者，謂我心憂；不知我者，謂我何求」，蓋不忍牴牾朱子者，其本心也；不得已而與之牴牾者，道固如是，不直則道不見也。執事所謂決與朱子異者，僕敢自欺其心哉？夫道，天下之公道也；學，天下之公學也；非朱子可得而私也，非孔子可得而私也。天下之公也，公言之而已矣。故言之而是，雖異於己，乃益於己也；言之而非，雖同於己，適損於己也。益於己者，己必喜之；損於己者，己必惡之。然則某今日之論，雖或於朱子異，未必非其所喜也。君子之過，如日月之食，其更也，人皆仰之，而小人之過也必文。某雖不肖，固不敢以小人之心事朱子也。

【译文】

孟子批评杨朱、墨子是「无父，无君」。其实这两人也是当时的贤人，如果与孟子同处一个时代，孟子可能也认为他们是贤人。墨子提倡「兼爱」，这是行仁太过了；杨朱主张「为我」，是行义太过了。他们的学说，难道泯灭天理扰乱纲常到能够迷惑天下所有人吗？但他们学说产生的弊端，孟子比作夷狄、禽兽，这就是在「用学术杀害天下后世的人」。

当今学术的弊端，是学仁过分了吗？是学义过分了吗？还是学不仁不义太过分了？我不知它们同洪水猛兽有什么不同！孟子说：「我难道是好辩论吗？我是不得已呀！」杨朱、墨子的学说流行天下，在孟子所处的时代，天下的人尊重信仰杨朱、墨子的学说，并不亚于现在人们推崇朱熹的学说，而孟子独自一人与众人争辩。哎，可悲呀！韩愈说：「佛道学说的危害比杨朱、墨子更严重。」韩愈的贤明远不如孟子，孟子不能在世道人心败坏之前拯救它，韩愈却想恢复世道人心于败坏之后，他这也是不自量力，而且我们都知道，他身陷危境也没有人救他。唉！至于我更是不自量力，发现自己面临危险，却没有人能救我于死地！大家正在高兴地嘻笑，我却独自泪流满面；天下的人都心安理得地趋炎附势，我却独自皱眉痛心十分忧虑。这如果不是我丧心病狂，就一定是心中有极大的痛苦，如果不是世上最仁爱的人，谁又能体察我心中的愁苦呢？

我写《朱子晚年定论》一书，也是万不得已。其中年代的先后，的确不能全部加以考证，虽然不全是朱子晚年的文章，但大部分是他晚年所写。我的主要目的是调和朱子和陆九渊的争论，重在昌明圣学。我一生始终把朱子的学说奉作神明，一旦要和它相背离，确实很不忍心，所

以说是不得已才这样做。「知我者，谓我心忧，不知我者，谓我何求」，我本心不愿与朱子的学说相抵触，而不得不这样做，是因为圣道本来就是这样。不说直话，圣道就不显现啊。您说我是一定要与朱子的学说相对立，我怎么敢自己欺骗自己呢？圣道是天下共同的道，圣学是天下共同的学，不是朱子自己私有的，也不是孔子自己私有的。对天下公有的东西，应该秉公而论，所以，说得对，即使和自己的见解不同，也是对自己有益；说得不对，即使和自己的见解相同，也会危害自己。有益于自己的，自己一定喜欢；危害自己的，自己一定厌恶。那么我现在的观点，虽然有的同朱子不一样，但未必不是朱子所喜欢的。君子的过错就像日食和月食一样，他改正了过错，人人都敬仰他。但是小人对自己的过失一定要文饰。我虽然不贤，怎么敢用小人的心态来对待朱子呢？

【原文】

執事所以教反復數百言，皆以未悉鄙人格物之説。若鄙説一明，則此數百言皆可以不待辨説而釋然無滯。故今不敢縷縷以滋瑣屑之瀆，然鄙説非面陳口析斷亦未能了了於紙筆間也。嗟乎！執事所以開導啓迪於我者，可謂懇到詳切矣，人之愛我，寧有如執事者乎？僕雖甚愚下，寧不知所感刻佩服？然而不敢遽舍其中心之誠然而姑以聽受云者，正不敢有負於深愛，亦思有以報之耳。秋盡東還，必求一面，以卒所請，千萬終教！

【译文】

你的教诲有数百言，都是因为没有完全明白我的格物学说。如果明白了我的学说，那么这数百言不用辩论也会毫无疑问。所以我现在不敢再详细陈述，以免琐碎。但是，我的学说不是写信可以说清楚的，非得当面分析陈述才行。哎！你对我的开导启示可以说是周详恳切了，爱护我的人，哪有像你这样的呢？我虽然愚蠢，难道不知感激敬佩你吗？但是，我不敢放弃心中的真诚而轻意接受你的看法，正是不敢辜负你的厚爱，并想对你有所回报啊。等秋天过后我回来时，一定前去拜访你，当面向你请教，到时希望你不吝赐教。

【原文】

## 答聶文蔚（一）

春間遠勞迂途枉顧，問證惓惓，此情何可當也！已期二三同志，更處靜地，扳留旬日，少效其鄙見，以求切劘之益。而公期俗絆，勢有不能，别去極怏怏，如有所失。忽承箋惠，反復千餘言，讀之無甚浣慰。中間推許太過，蓋亦奬掖之盛心，而規礪真切，思欲納之於賢聖之域，又託諸崇一以致其勤勤懇懇之懷，此非深交篤愛，何以及是？知感知愧，且懼其無以堪之也。雖然，僕亦何敢不自鞭勉，而徒以感愧辭讓爲乎哉？其謂：「思、孟、周、程無意相遭於千載之下，與其盡信於天下，不若真信於一人。道固

自在，學亦自在，天下信之不爲多，一人信之不爲少者，斯固君子不見是而無悶之心。豈世之謭謭屑屑者知足以及之乎？」乃僕之情，則有大不得已者存乎其間，而非以計人之信與不信也。

【译文】

有劳你春天绕道惠顾，不知疲倦地询问论证，这种感情我怎么敢承受呢！原来已约好几个志同道合的朋友找一个安静地方，待个十来天，一起讨论我的观点，以便在共同切磋中有所收获。但是你公务繁忙，不得不离开，我心中十分怅然，若有所失。突然收到你的信，洋洋千言，我读后心中十分欣慰。信中对我赞誉过多，这也是对我的一片鼓舞提携的深情。其中的真切规劝砥砺，令人感动，是希望我能跨入圣贤的行列。你又托崇一转达深切关怀之情，如果不是厚爱深交的人，怎么会这样呢？我又感动又惭愧，担心辜负了你的深情厚爱。当然，我怎敢不自我鞭策，仅仅感激、惭愧、辞让呢？你说：「子思、孟子、周敦颐、程颢、程颐并不期望千年以后仍被人理解，与其让天下人都相信，还不如被一个人真正相信。圣道自然存在，圣学也自然存在，天下的人都相信不算多，只有一人相信也不算少。这就是君子不见是而无闷的心态。这难道是世上浅薄琐碎的人能知道的吗？」对我来说，其中有很多万不得已的苦衷，并不是要计较别人是否相信。

【原文】

夫人者，天地之心，天地萬物，本吾一體者也。生民之困苦荼毒，孰非疾痛之切於吾身者乎？不知吾身之疾痛，無是非之心者也。是非之心，不慮而知，不學而能，所謂良知也。良知之在人心，無間於聖愚，天下古今之所同也。世之君子，惟務致其良知，則自能公是非，同好惡，視人猶己，視國猶家，而以天地萬物爲一體，求天下無治不可得矣。古之人所以能見善不啻若己出，見惡不啻若己入，視民之饑溺猶己之饑溺，而一夫不獲，若己推而納諸溝中者，非故爲是而以蘄天下之信己也，務致其良知，求自慊而已矣。堯、舜、三王之聖，言而民莫不信者，致其良知而言之也；行而民莫不悦者，致其良知而行之也。是以其民熙熙皞皞，殺之不怨，利之不庸。施及蠻貊，而凡有血氣者莫不尊親，爲其良知之同也。嗚呼！聖人之治天下，何其簡且易哉！

【译文】

人就是天地的心，天地万物与我同为一体。百姓的困苦和荼毒，哪一件不是自身的切肤之痛呢？不知道自身痛苦的人，是没有是非之心的人。人的是非之心，不用思考就能知道，不用学习就能具有，这就是良知。良知自在人心，不论圣人还是傻瓜，从古至今都是相同的。世上的君子，只要专心致其良知，自然能具备共同的是非好恶，待人如待己，爱国如爱家，把天地万物和自己看成一个整体。这样，天下不可能不大治。古人看见别人行善，就像自己做了好事；看到

别人作恶，就像自己做了坏事；看到百姓饥饿痛苦，就像是自己使之饥饿痛苦一样；有一个人没有过上好的生活，好像是自己把他推到沟中似的。他们并不是故意这样做以取信于天下，而是专门致其良知求得自己的满足与快乐。尧、舜、禹、汤、周文王、周武王说的话百姓没有不相信的，这是因为他们的话是致自己的良知之后才说的；他们的行为老百姓没有不喜欢的，也是由于他们的行为是致自己的良知之后才做的。所以他们的老百姓和平安乐，处死不怨恨，给好处也不酬谢。把这些推广到未开化的蛮荒之地，凡是有血气的人没有不孝敬父母的，因为人们的良知是相同的。哎！圣人治理天下多么简单容易呀！

【原文】

後世良知之學不明，天下之人用其私智以相比軋，是以人各有心，而偏瑣僻陋之見，狡僞陰邪之術，至於不可勝説。外假仁義之名，而内以行其自私自利之實；詭辭以阿俗，矯行以干譽；掩人之善而襲以爲己長；訐人之私而竊以爲己直；忿以相勝而猶謂之徇義；險以相傾而猶謂之疾惡。妒賢忌能而猶自以爲公是非；恣情縱欲而猶自以爲同好惡。相陵相賊，自其一家骨肉之親，已不能無爾我勝負之意，彼此藩籬之形，而況於天下之大，民物之衆，又何能一體而視之？則無怪於紛紛籍籍，而禍亂相尋於無窮矣！



# 傳習録



【译文】

后世良知的学说不再昌明，天下的人各用自己的私心才智互相倾轧。所以，人人各有自己的私心，那些偏激浅陋的见解，狡诈阴险的手段，数不胜数。他们都打着仁义的旗号，干着自私自利的勾当；用诡辩来迎合世俗，用虚伪来博得名誉；把掩盖别人的善良作为自己的长处；攻击别人的隐私来显示自己的正直；为私怨而相互争斗却认为是为正义献身；阴险地互相倾轧还认为是疾恶如仇；嫉贤妒能却认为自己能坚持公义；放纵情欲却认为爱憎分明。互相欺凌互相侵害，即使是自家的亲骨肉，彼此间也有很深的隔阂，也要分出胜负，更何况天下广大，百姓事物众多，又怎么能把他们看成与自己是一体呢？这就难怪天下动荡，祸乱不止了。

【原文】

僕誠賴天之靈，偶有見於良知之學，以爲必由此而後天下可得而治。是以每念斯民之陷溺，則爲之戚然痛心，忘其身之不肖，而思以此救之，亦不自知其量者。天下之人見其若是，遂相與非笑而詆斥之，以爲是病狂喪心之人耳。嗚呼！是奚足恤哉！吾方疾痛之切體，而暇計人之非笑乎？人固有見其父子兄弟之墜溺於深淵者，呼號匍匐，裸跣顛頓，扳懸崖壁而下拯之。士之見者，方相與揖讓談笑於其傍，以爲是棄其體貌衣冠而呼號顛頓若此，是病狂喪心者也。故夫揖讓談笑於溺人之傍而不知救，此

惟行路之人，無親戚骨肉之情者能之，然已謂之無惻隱之心，非人矣。若夫在父子兄弟之愛者，則固未有不痛心疾首，狂奔盡氣，匍匐而拯之。彼將陷溺之禍有不顧，而況於病狂喪心之譏乎？而又況於蘄人信與不信乎？嗚呼！今之人雖謂僕爲病狂喪心之人，亦無不可矣。天下之人心，皆吾之心也。天下之人猶有病狂者矣，吾安得而非病狂乎？猶有喪心者矣，吾安得而非喪心乎？

【译文】

我靠着上天眷佑，偶然发现了良知的学说，认为只有致良知天下才能大治。所以，我一想到百姓的苦难就伤心痛苦，忘了自己才智浅薄，不自量力，想用良知来拯救天下的苦难。世上的人看到我这样做，纷纷嘲笑诋毁我，认为我是丧心病狂的人。哎！这有什么值得顾忌的呢！我正有切肤之痛，哪有空闲去计较别人的嘲笑呢？如果有人看到他的父子兄弟掉进深渊，一定会大喊着爬过去，鞋帽掉了也全然不顾，扒着悬崖峭壁下去拯救。而那些看到这种情况的士人，却在一旁打恭作揖，谈笑风生，认为这个人丢弃衣帽、不顾礼节，大喊大叫，一定是个精神失常的人。所以，打恭作揖、谈笑风生，一旁有人落水而不去救，这只有那些没有亲戚骨肉之情的路人才会这样做。然而，孟子已经说过没有同情心就不是人。如果是有父子兄弟之爱的人，就会无不痛心疾首，尽力狂奔，以至于连滚带爬过去解救。他们不顾溺水的危险，还怕被讥笑为丧心病狂吗？又怎么会在意别人的信与不信呢？哎！现在的人即使认为我精神不正常，我也不在乎。天下人的心，都是我的心，天下人中还有疯狂的，我又怎能不疯狂呢？天下人中还有丧心的，我又怎么能不丧心呢？



【原文】

昔者孔子之在當時，有議其爲諂者，有譏其爲佞者，有毁其未賢，詆其爲不知禮，而侮之以爲東家丘者，有嫉且沮之者，有惡而欲殺之者。晨門、荷蕢之徒，皆當時之賢士，且曰：「是知其不可而爲之者歟？」「鄙哉硜硜乎！莫己知也，斯已而已矣！」雖子路在升堂之列，尚不能無疑於其所見，不悦於其所欲往，而且以之爲迂。則當時之不信夫子者，豈特十之二三而已乎？然而夫子汲汲遑遑，若求亡子於道路，而不暇於暖席者，寧以蘄人之知我、信我而已哉？蓋其天地萬物一體之仁，疾痛迫切，雖欲已之而自有所不容已。故其言曰：「吾非斯人之徒與而誰與？」欲潔其身而亂大倫，果哉，末之難矣！」嗚呼！此非誠以天地萬物爲一體者，孰能以知夫子之心乎？若其遁世無悶，樂天知命者，則固無入而不自得道，並行而不相悖也。

【译文】

从前孔子在世时，有人说他谄媚，有人说他花言巧语，有人诋毁他的贤能，有人诽谤他不懂礼仪，有人侮辱他是东家丘，有人嫉妒他而阻止他振兴鲁国，有人憎恶而想杀他。即使当时的贤士晨门、荷蒉也说：「是知其不可而为之者欤？鄙哉硜硜乎！莫己知也，斯已而已矣！」虽然子路对圣学已经登堂入室，尚且怀疑孔子的见识，对他想去的地方不高兴，而且认为孔子迂腐。所以当时不信任孔子的人，难道仅仅是十分之二三吗？但是，孔子依然匆匆忙忙，像是在路上寻找丢失的儿子，整天四处奔波，难道是为了让人相信、了解自己吗？因为他有天地万物为一体的仁爱之心，深深感到急切病痛，即使想不管也身不由己。所以他说：「吾非斯人之徒与而谁与？欲洁其身而乱大伦，果哉，末之难矣！」哎！除了确实把天地万物当作一体的人，谁能了解孔子的心呢？至于那些遁世无闷，乐天知命的人，当然能无入而不自得道，并行而不相悖。

【原文】

僕之不肖，何敢以夫子之道爲己任？顧其心亦已稍知疾痛之在身，是以彷徨四顧，將求其有助於我者，相與講去其病耳。今誠得豪杰同志之士，扶持匡翼，共明良知之學於天下，使天下之人皆知自致其良知，以相安相養，去其自私自利之蔽，一洗讒妒勝忿之習，以濟於大同，則僕之狂病，固將脱然以愈，而終免於喪心之患矣。豈不快哉！









嗟乎！今誠欲求豪杰同志之士於天下，非如吾文蔚者而誰望之乎？如吾文蔚之才與志，誠足以援天下之溺者。今又既知其具之在我而無假於外求矣，循是而充，若決河注海，孰得而御哉？文蔚所謂「一人信之不爲少」，其又能遜以委之何人乎？

【译文】

我才疏学浅，怎敢以振兴孔子的圣道为己任？只是我的心也稍微知道一点身上的病痛，所以心中彷徨，四处寻找能帮助我的人，共同想办法清除病痛。现在，如果真能有豪杰同志支持匡正我，共同努力，使良知的学说昌明于天下，使天下人都能致其良知，以互相帮助、存养，除去自私自利的毛病，清除诋毁、嫉妒、好胜和易怒的恶习，以实现天下大同，那么我的狂病将会马上治好，最终免于丧心病狂。这有多痛快呀！

哎！现在果真要找世上的豪杰同志，除了像文蔚你一样的人，还能指望谁呢？像你这样的才能与志向，的确能拯救天下受苦难的人。现在，既然知道良知在自己心中，不需向外探求，那么遵循并加以扩充，就会像大河决口汇入大海，谁能抵御得了呢？像你所说的「一人相信不算少」，你又能谦让给谁呢？

【原文】

會稽素號山水之區，深林長谷，信步皆是。寒暑晦明，無時不宜，安居

飽食，塵囂無擾，良朋四集，道義日新，優哉遊哉，天地之間寧復有樂於是者！孔子云：「不怨天，不尤人，下學而上達。」僕與二三同志方將請事斯語，奚暇外慕？獨其切膚之痛，乃有未能恝然者，輒復云云爾。咳疾暑毒，書札絶懶，盛使遠來，遲留經月，臨岐執筆，又不覺累紙。蓋於相知之深，雖已縷縷至此，殊覺有所未能盡也。

【译文】

会稽周围向来山清水秀，茂密的树林、幽长的山谷随处可见。冬夏阴晴，气候宜人，生活安定而不受世俗干扰，好朋友聚在一起，切磋道义，多么悠闲自在！天地之间还有像这样的快乐吗？孔子说：「不怨天，不尤人，下学而上达。」我和几位同志想要遵从孔子上面的话，哪有时间向外探求呢？只是对这切肤之痛不能漠不关心，于是又写了这封信。我因天热咳嗽，懒于写信，你派人远来停留月余，临别提笔，没想到又写了这么多。我们相知颇深，虽信已详尽如此，仍觉纸短情长，还有好多话没说。

【原文】

## 答聶文蔚（二）

得書見近來所學之驟進，喜慰不可言。諦視數過，其間雖亦有一二未瑩徹處，卻是致良知之功尚未純熟，到純熟時，自無此矣。譬之驅車，既已由於康莊大道之中，或時橫斜迂曲者，乃馬性未調，銜勒不齊之故，然已只在康莊大道中，決不賺入傍蹊曲徑矣。近時海内同志到此地位者曾未多見，喜慰不可言，斯道之幸也！

賤軀舊有咳嗽畏熱之病，近入炎方，輒復大作。主上聖明洞察，責付甚重，不敢遽辭。地方軍務冗沓，皆輿疾從事。今卻幸已平定，已具本乞回養病，得在林下稍就清涼，或可瘳耳。人還，伏枕草草，不盡傾企。外惟濬一簡，幸達致之！

【译文】

来信收到，看到你近来学问骤进，我十分欣慰难以言表。你的信我仔细读了几遍，中间有一两处还没有晶莹透彻，这是因为致良知的功夫尚未纯粹熟练，若纯粹熟练自然就不会出现这种情况。这好比驾车，已经走上康庄大道，有时马车也出现迂回曲折的情况，这是马性没调好、缰绳没勒齐的缘故。然而已经走在康庄大道上，就决不会再受骗误入岔路小道。近来海内的同志达到你这种程度的还不多见，我高兴得说不出话来，这是圣道的幸运呀！

我原有的怕热咳嗽的老病，进入炎热的南方后，近来复发得很厉害。皇上圣明洞察，托付责任重大，我不敢立即推辞。这里军务繁忙冗杂，我不得不带病处理。好在叛乱已经平定，我已奏请皇上让我回家养病，如能在家乡避暑养病，或许可以痊愈。来人就要回去，我趴在枕上回信，

匆忙间难以表达我的仰慕之情。另外，给陈九川的信请你转给他。

【原文】

來書所詢，草草奉復一二。

近歲來山中講學者，往往多説「勿忘勿助」功夫甚難，問之則云：「才著意便是助，才不著意便是忘，所以甚難。」區區因問之云：「忘是忘箇甚麽？助是助箇甚麽？」其人默然無對，始請問。區區因與説我此間講學，卻只説箇「必有事焉」，不説「勿忘勿助」。必有事焉者，只是時時去集義。若時時去用必有事的工夫，而或有時間斷，此便是忘了，即須勿忘。時時去用必有事的工夫，而或有時欲速求效，此便是助了，即須勿助。其工夫全在必有事焉上用，勿忘勿助，只就其間提撕警覺而已。若是工夫原不間斷，即不須更説勿忘；原不欲速求效，即不須更説勿助。此其工夫何等明白簡易，何等灑脱自在！今卻不去必有事上用工，而乃懸空守著一箇勿忘勿助。此正如燒鍋煮飯，鍋内不曾漬水下米，而乃專去添柴放火，不知畢竟煮出箇甚麽物來？吾恐火候未及調停，而鍋已先破裂矣。近日一種專在勿忘勿助上用工者，其病正是如此。終日懸空去做箇勿忘，又懸空去做箇勿助，渀渀蕩蕩，全無實落下手處。究竟工夫只做得箇沈空守寂，











學成一箇痴呆漢。才遇些子事來，即便牽滯紛擾，不復能經綸宰制。此皆有志之士，而乃使之勞苦纏縛，擔閣一生，皆由學術誤人之故，甚可憫矣。

【译文】

你信中所提的问题，我简单回答如下。

近年来到山中讲学的人，常常说「勿忘勿助」的功夫很难，我问其原因，他们就说：「稍有意念就是助，一不用心就是忘，所以很难。」我问：「忘是忘了什么？助是助的什么？」他们默默无言以对，便向我请教。我于是对他们说，我这里讲学，只讲「必有事焉」，不说「勿忘勿助」。必有事焉，就是时时刻刻去集义。如果时时去下必有事的工夫，间或有中断，这就是忘，就必须勿忘；时时去下必有事的功夫，而有时想快速见效，这就是助，就必须勿助。这功夫全在必有事焉上，勿忘勿助只是在其中起个提拉警醒的作用。如果这功夫不中断，就不必再说勿忘；如果原本不求速效，就不必再说勿助。这功夫是多么简单明了，多么自在洒脱！现在不在必有事上用功，而去空守着一个勿忘勿助。这正像烧火做饭，锅里没有添水下米，却只是添柴烧火，不知最后能煮出什么？我担心火候还没调好，锅已经先烧破了。近来专在勿忘勿助上用功的人，他们的毛病就是这样。每天凭空去做勿忘的功夫，又凭空做勿助的功夫，渺渺茫茫，全没有入手落实的地方。最后做到底，只落得死守寂空，变成痴呆。刚一遇到事，就会心绪纷乱，难以妥善应付。这些人都是有志之士，却由此劳苦困扰，耽误一生，这都是错误的学术耽误了他们，真叫

人惋惜呀！

【原文】

夫必有事焉，只是集義；集義只是致良知。説集義則一時未見頭腦，説致良知即當下便有實地步可用工。故區區專説致良知。隨時就事上致其良知，便是格物；著實去致良知，便是誠意；著實致其良知而無一毫意必固我，便是正心。著實致良知，則自無忘之病；無一毫意必固我則自無助之病。故説格、致、誠、正則不必更説箇忘助。孟子説忘助，亦就告子得病處立方。告子彊制其心，是助的病痛，故孟子專説助長之害。告子助長，亦是他以義爲外，不知就自心上集義，在必有事焉上用功，是以如此。若時時刻刻就自心上集義，則良知之體洞然明白，自然是是非非纖毫莫遁，又焉有不得於言，勿求於心；不得於心勿求於氣之弊乎？孟子集義、養氣之説，固大有功於後學，然亦是因病立方，説得大段，不若《大學》格、致、誠、正之功，尤極精一簡易，爲徹上徹下，萬世無弊者也。

【译文】

必有事焉就是集义；集义就是致良知。说集义一时还抓不住要害，说致良知马上就可以踏实用功，所以我专门说致良知。随时在事上致其良知，就是格物；踏踏实实去致良知，就是诚意；踏踏实实致其良知，没有一丝一毫的意、必、固、我，就是正心。踏踏实实致良知，就没有忘的毛病；没有一丝一毫的意、必、固、我，就自然没有助的毛病。所以说格物、致知、诚意、正心，就不必再说勿忘勿助了。孟子谈勿忘勿助，是为告子的毛病开的处方。告子强制人心的说法，是犯了助的错误，所以孟子专讲助的危害。告子之所以犯助长的错误也是由于他认为义在心外，不知道在自己心上集义，在必有事焉上下功夫，所以才这样。如果时刻不忘在自己心上集义，那么良知的本体就会豁然开朗，是是非非就会自然纤毫毕呈，又怎么会有不得于言，勿求于心；不得于心，勿求于气的毛病呢？孟子集义、养气的学说，当然对后学有很大功劳，但他也是对症下药，说个大概，不如《大学》中的格物、致知、诚意、正心的功夫，特别精一，特别简易，上下贯通，千秋万世永无弊病。

【原文】

聖賢論學，多是隨時就事，雖言若人殊，而要其工夫頭腦，若合符節。緣天地之間，原只有此性，只有此理，只有此良知，只有此一件事耳。故凡就古人論學處説工夫，更不必攙和兼搭而説，自然無不吻合貫通者。才須攙和兼搭而説，即是自己工夫未明徹也。

近時有謂集義之功，必須兼搭箇致良知而後備者，則是集義之功尚未了徹也。集義之功尚未了徹，適足以爲致良知之累而已矣。謂致良知之

功，必須兼搭一箇勿忘勿助而後明者，則是致良知之功尚未了徹也。致良知之功尚未了徹，適足以爲勿忘勿助之累而已矣。若此者，皆是就文義上解釋牽附，以求混融凑泊，而不曾就自己實工夫上體驗，是以論之愈精，而去之愈遠。

文蔚之論，其於大本達道既已沛然無疑，至於致知、窮理及忘助等説，時亦有攙和兼搭處，却是區區所謂康莊大道之中，或時横斜迂曲者，到得功夫熟後，自將釋然矣。

【译文】

圣贤讲学，往往因时因事制宜，虽然他们的说法好像各不相同，但其核心却是一致的。这是因为天地间只有这个人性，只有这个天理，只有这个良知，只有这一件事。所以，凡是古人就学问上讲的功夫，没有必要掺杂搭配，自然都会吻合贯通。如果需要掺杂搭配，就是自己的功夫没有明晰透彻。

近来有人认为集义的功夫，必须搭配上致良知才算完备，这是集义的功夫还不明晰透彻。集义的功夫尚未明晰透彻，恰好成了致良知的负担。认为致良知的功夫，必须搭配上勿忘勿助后才明白，就是致良知的功夫还没有明晰透彻，这样就恰好成了勿忘勿助的负担。类似这样，都是从字义上来牵强附会地解释，以求融会贯通，却没有在自己的实在功夫上去体察验证，所以论证得越精确，反而偏离圣道越远。

文蔚你的观点在大本达道上已没有什么疑问，至于对致知、穷理及勿忘勿助等学说，还不时有掺杂搭配的地方，这就是我说的走在康庄大道上，有时会出现横斜曲折的那种情况，等到功夫纯熟后，这种情况自然会消失。

【原文】

文蔚謂「致知之説，求之事親、從兄之間，便覺有所持循」者，此段最見近來真切篤實之功。但以此自爲，不妨自有得力處；以此遂爲定説教人，卻未免又有因藥發病之患，亦不可不一講也。

蓋良知只是一箇天理，自然明覺發見處，只是一箇真誠惻怛，便是他本體。故致此良知之真誠惻怛，以事親便是孝；致此良知之真誠惻怛，以從兄便是弟；致此良知之真誠惻怛，以事君便是忠。只是一箇良知，一箇真誠惻怛。若是從兄的良知不能致其真誠惻怛，即是事親的良知不能致其真誠惻怛矣，事君的良知不能致其惻怛矣，即是從兄的良知不能致其真誠惻怛矣。故致得事君的良知，便是致卻從兄的良知；致得從兄的良知，便是致卻事親的良知。不是事君的良知不能致，卻須又從事親的良知上去擴充將來，如此又是脱卻本原，著在支節上求了。良知只是一

【译文】

孟子说的「尧、舜之道，孝弟而已」，这是从人的良知最真切淳厚、不容蒙蔽的地方提醒人，使人在忠君、交友、爱民、爱物以至于行动、静止、说话、沉默时，都只是致他那一念侍奉父母、尊敬兄长的真诚恻隐的良知，就自然处处都是道。天下事千变万化无穷无尽，但只要用致孝敬父母、尊从兄长的真诚恻隐的良知去处理，就不会有什么遗漏缺失，这是只有一个良知的缘故。侍奉父母、尊从兄长的良知之外，没有别的良知可致，所以孟子才说：「尧舜之道，孝弟而已矣。」这就是惟精惟一的学问，放之四海而皆准，在后世推行也不会过时。

文蔚你说：「想在侍奉父母、尊敬兄长之中，探求所谓良知的学问。」从自己用工得力这方面来说，是可行的；如果说「用致其良知的真诚恻隐来探求侍奉双亲、尊从兄长的道理」，也是可行的。程颐先生说：「行仁从孝悌开始，孝悌是仁的其中一件事。说它是行仁的根本是可以的，说它是仁的根本就不对了。」他的说法很正确。

【原文】

億、逆、先覺之說，文蔚謂「誠則旁行曲防，皆良知之用」，甚善甚善！間有攙搭處，則前已言之矣。惟濬之言亦未爲不是，在文蔚須有取於惟濬之言而後盡，在惟濬又須有取於文蔚之言而後明。不然，則亦未免各有倚著之病也。「舜察邇言而詢蒭蕘」，非是以邇言當察，蒭蕘當詢，而後如此，乃良知之發見流行，光明圓瑩，更無挂礙遮隔處。此所以謂之大知；才有執著意必，其知便小矣。講學中自有去取分辨，然就心地上著實用工夫，卻須如此方是。

【译文】

关于不臆不信、不逆诈、先觉等观点，你认为「只要内心真诚，即使是旁门小道、曲意提防，也都是良知的运用」，这话很对！其中有掺杂搭配处，前面已经说过。惟濬的看法也不能算错。就你而言，要吸收采纳惟濬的观点才能全面详尽；就惟濬而言，要吸收采纳你的观点才能清楚明白。否则，你们难免各有偏执。舜思考浅近的话并向樵夫请教，并不是因为浅近的话应当思考，是樵夫应当请教，才这样做，良知的呈现发挥自然光明圆润透彻，毫无障碍蒙蔽。这就是所谓的大智；一有执著和意必，智就变小了。讲学中自然有取舍和分辨，但是，在心中踏踏实实下功夫，就必须这样才对。

【原文】

盡心三節，區區曾有生知、學知、困知之說，頗已明白，無可疑者。蓋盡心、知性、知天者，不必說存心、養性、事天，不必說殀壽不貳、修身以俟，而存心、養性與修身以俟之功，已在其中矣。存心、養性、事天者，雖未到得盡心、知天的地位，然已是在那里做箇求到盡心、知天的工夫，更不必說

箇，隨他發見流行處當下具足，更無去求，不須假借。然其發見流行處卻自有輕重厚薄，毫髮不容增減者，所謂天然自有之中也。雖則輕重厚薄毫髮不容增減，而厚又只是一箇。雖則只是一箇，而其間輕重厚薄又毫髮不容增減。若可得增減，若須假借，即已非其真誠惻怛之本體矣。此良知之妙用，所以無方體，無窮盡，語大天下莫能載，語小天下莫能破者也。

【译文】

文蔚你认为「致知的观点，从孝敬父母、尊敬兄长上去寻求，就感到有所遵循」，这里最能看出你近来所下功夫的真切笃实。但你自己从这里下功夫倒也无妨，自然有得力的地方；如果把这当成定论去教导人，却难免出现用药不当反而致病的情况，这不能不讲一讲。

良知只是一个天理，良知的自然明白呈现就是真诚恻隐，这是它的本体。用致良知的真诚恻隐去侍奉父母便是孝，敬从兄长就是悌，辅佐君主就是忠。这一切都只是一个良知，一个真诚恻隐。如果尊敬兄长的良知不能达到真诚恻隐，也就是侍奉双亲的良知不能达到真诚恻隐；如果辅佐君主的良知不能达到真诚恻隐，也就是尊从兄长的良知不能达到真诚恻隐。所以，能致辅佐君主的良知，便能致尊从兄长的良知；能致尊从兄长的良知，便能致侍奉双亲的良知。而不是说辅佐君主的良知不能致，必须从侍奉父母的良知上去扩充。如果这样，就又脱离了本原，在枝节上探求了。良知只有一个，随着它的发挥和呈现，自然完备充足，无来无去，不需要向





外假借。但是它发挥和呈现的地方，却有轻重厚薄的区别，丝毫不能增加减少，这就是所谓的天然自有之中。虽然轻重厚薄丝毫不能增减，但良知原本只是一个。虽然良知只是一个，但其中的轻重厚薄又丝毫不能增加减少。如果能够增减，如果必须向外求借，那就不是真诚恻隐的本体了。这就是良知的妙用之所以无形无体，无穷无尽，语大天下莫能载，语小天下莫能破的原因。

【原文】

孟氏「堯、舜之道，孝弟而已」者，是就人之良知發見得最真切篤厚、不容蔽昧處提省人，使人於事君、處友、仁民、愛物，與凡動靜語默間，皆只是致他那一念事親從兄、真誠惻怛的良知，即自然無不是道。蓋天下之事雖千變萬化，至於不可窮詰，而但惟致此事親從兄一念真誠惻怛之良知以應之，則更無有遺缺滲漏者，正謂其只有此一箇良知故也。事親從兄一念良知之外更無有良知可致得者，故曰：「堯舜之道，孝弟而已矣。」此所以爲惟精惟一之學，放之四海而皆準，施諸後世而無朝夕者也。

文蔚云：「欲於事親從兄之間，而求所謂良知之學。」就自已用工得力處如此說，亦無不可；若曰「致其良知之真誠惻怛，以求盡夫事親從兄之道焉」，亦無不可也。明道云：「行仁自孝弟始，孝弟是仁之一事，謂之行仁之本則可，謂是仁之本則不可。」其說是矣。

天壽不貳，修身以俟，而夭壽不貳、修身以俟之功，已在其中矣。

譬之行路，盡心、知天者，如年力壯健之人，既能奔走往來於數千百里之間者也；存心事天者，如童稚之年，使之學習步趨於庭除之間者也；夭壽不貳、修身以俟者，如襁褓之孩，方使之扶牆傍壁而漸學起立移步者也。既已能奔走往來於千里之間者，則不必更使之於庭除之間而學步趨，而步趨於庭除之間自無弗能矣；既已能步趨於庭除之間，則不必更使之扶墻傍壁而學起立移步，而起立移步自無弗能矣。然學起立移步，便是學步趨庭除之始；學步趨庭除，便是學奔走往來於數千里之基，固非有二事。但其工夫之難易，則相去懸絶矣。

心也，性也，天也，一也，故及其知之成功則一。然而三者人品力量自有階級，不可躐等而能也。細觀文蔚之論，其意以恐盡心、知天者廢卻存心、修身之功，而反爲盡心、知天之病。是蓋爲聖人憂工夫之或間斷，而不知爲自己憂工夫之未真切也。吾儕用工，卻須專心致志在夭壽不貳、修身以俟上做，只此便是做盡心、知天功夫之始。正如學起立移步，便是學奔走千里之始。吾方自慮其不能起立移步，而豈遽慮其不能奔走千里，又況爲奔走千里者而慮其或遺忘於起立移步之習哉？



文蔚識見，本自超絶邁往，而所論云然者，亦是未能脱去舊時解説文義之習，是爲此三段書分疏比合，以求融會貫通，而自添許多意見纏繞，反使用工不專一也。近時懸空去做勿忘勿助者，其意見正有此病，最能擔誤人，不可不滌除耳。

【译文】

关于尽心三节，我曾用生而知之、学而知之、困而知之来说明，已经很清楚，没什么可怀疑的了。尽心、知性、知天的人，就没必要再说存心、养性、事天，也没必要再说夭寿不贰、修身以俟，存心、养性与修身以俟的功夫已经包括在其中了。能存心、养性、事天的人，虽没有达到尽心、知天的境界，但是已在那里做探求尽心、知天的功夫，更不用说夭寿不贰、修身以俟，而夭寿不贰、修身以俟的功夫已包含在其中了。

这好比走路，尽心、知天的人，如年轻力壮的人，能够在几千里的路上来回奔走；存心、事天的人，就像儿童，只能在院子里教他走路；夭寿不贰、修身以俟的人，就像襁褓中的婴儿，只能使他扶着墙壁慢慢学站立移动。已经能来回奔跑几千里的人，就没必要再使他在庭院里学习走路，因为在院子里走路自然不存在问题；已经能在院子里走路，就不必让他再扶着墙学站立移动，因为他自然能站立移动。但是，学习站立移动，是在院子里学习走路的开始；在院子里学习走路，是往来奔跑几千里的基础。本来这不是两回事，但是功夫的难易程度悬殊很大。

心、性、天，本质是一样的，所以等到这三种人都能够通晓天理、成功行道了，效果就都是相同的。但是，这三种人的人品，才能存在高低差别，不可能超越各自的等级去做事。我认真思考你的观点，你的意思是害怕尽心、知天的人，废弃了存心、修身的功夫，反而妨碍了尽心、知天。这是担心圣人的功夫会有中断，却不知道担心自己的功夫尚不真切。我们这种人用功，必须专心致志、全心全意地在夭寿不贰、修身以俟上下功夫，这样做就是尽心、知天的开始。这正像学习起立移步，是学习奔跑千里的开始。我正担心不能起立移步，又怎么会去忧虑不能行走千里呢？更何况为奔走千里的人担心他忘了站立移步的本领呢？

你的见识原本超绝凡俗，不过从你的话来看，也还是没能去掉过去解说文义的习惯，所以你才把知天、事天、夭寿不贰当作三部分，进行分析、综合、比较，以求融会贯通，结果是自己增添了许多纠缠不清的意见，反而使自己的用功不够专一。近来，凭空去做勿忘勿助功夫的人正是犯了这个错误，它害人最深，不能不彻底铲除。

【原文】

所謂「尊德性而道問學」一節，至當歸一，更無可疑。此便是文蔚曾著實用工，然後能爲此言。此本不是險僻難見的道理，人或意見不同者，還是良知尚有纖翳潛伏。若除去此纖翳，即自無不洞然矣。

【译文】

你认为「尊德性和道问学」应当统一，这没有什么可疑的。这是你踏实用功后才能说出的话。这本来不是生僻难懂的道理，人们却有不同意见，这还是良知中潜伏有纤细的灰尘，如果除去这些尘埃，良知自然会豁然明亮。

【原文】

已作書後，移卧檐間，偶遇無事，遂復答此。文蔚之學既已得其大者，此等處久當釋然自解，本不必屑屑如此分疏。但承相愛之厚，千里差人遠及，諄諄下問，而竟虚來意，又自不能已於言也。然直戇煩縷已甚，恃在信愛，當不爲罪。惟濬及謙之、崇一處各得轉録一通，寄視之，尤承一體之好也。

右南大吉録

【译文】

信写完后，我躺在屋檐下，正好没别的事，就又写了几句。你的学问已抓住了关键和要害，所提问题时间长了自会明白，本来我没必要这样细细讲解。但承蒙厚爱，不远千里派人虚心请教，为了不辜负你的一片心意，我不得不说。然而我过于坦率琐碎，你对我如此信任、厚爱，应该不会怪罪我吧。还请把这封信抄几份，分别寄给惟濬、谦之、崇一等人，让他们承受你情同一体的情意。

以上南大吉记录

## 訓蒙大意示教讀劉伯頌等

【原文】

古之教者，教以人倫。後世記誦詞章之習起，而先王之教亡。今教童子，惟當以孝、弟、忠、信、禮、義、廉、恥爲專務。其栽培涵養之方，則宜誘之歌詩以發其志意，導之習禮以肅其威儀，諷之讀書以開其知覺。今人往往以歌詩、習禮爲不切時務，此皆末俗庸鄙之見，烏足以知古人立教之意哉？

大抵童子之情，樂嬉遊而憚拘檢，如草木之始萌芽，舒暢之則條達，摧撓之則衰痿。今教童子，必使其趨向鼓舞，中心喜悦，則其進自不能已。譬之時雨春風，沾被卉木，莫不萌動發越，自然日長月化。若冰霜剥落，則生意蕭索，日就枯槁矣。故凡誘之歌詩者，非但發其志意而已，亦所以泄其跳號呼嘯於咏歌，宣其幽抑結滯於音節也。導之習禮者，非但肅其威儀而已，亦所以周旋揖讓而動蕩其血脈，拜起屈伸而固束其筋骸也。諷之讀書者，非但開其知覺而已，亦所以沈潛反復而存其心，抑揚諷誦以宣其志也。凡此皆所以順導其志意，調理其性情，潛消其鄙吝，默化其麤頑，日使之漸於禮義而不苦其難，入於中和而不知其故。是蓋先王立教之微意也。

若近世之訓蒙稚者，日惟督以句讀課仿，責其檢束，而不知導之以禮；求其聰明，而不知養之以善；鞭撻繩縛，若待拘囚。彼視學舍如囹獄而不肯入，視師長如寇仇而不欲見，窺避掩覆以遂其嬉遊，設詐飾詭以肆其頑鄙，偷薄庸劣，日趨下流。是蓋驅之於惡而求其爲善也，何可得乎？

凡吾所以教，其意實在於此。恐時俗不察，視以爲迂，且吾亦將去，故特叮嚀以告。爾諸教讀，其務體吾意，永以爲訓；毋輒因時俗之言，改廢其繩墨，庶成蒙以養正之功矣。念之念之！

【译文】

古代的教育，教的是人伦纲常。后世背诵词章的风气兴起后，先王的教化就消亡了。现在教育儿童，应当把孝、悌、忠、信、礼、义、廉、耻作为唯一的功课。至于培养的具体方法，则应通过吟咏诗歌来激发他们的志趣；引导他们学习礼仪，以严肃他们的仪表；教导他们读书，来开发他们的智力。现在的人常常认为唱歌咏诗、学习礼仪不合时宜，这是鄙陋庸俗的见识，怎么能明白古人设立教育的本意呢？

大致说来，儿童的天性是喜欢游戏玩乐而害怕约束，这就像草木刚开始萌芽，让它舒展地生长就能很快枝条发达，如果摧残压抑它就会枯萎衰败。现在教育孩子也必须顺着他们的天性，不断鼓励，使他们心中愉快，他们就会不断进步，就好比春风细雨滋润花木，花木没有不萌芽生

长的。如果花木遇到冰霜侵袭，就会生机萧条，一天天枯萎。所以通过吟诗唱歌的开导，不仅是开发他们的志向和兴趣，而且是为了在歌咏中消耗他们蹦跳呼叫的精力，在音律中抒发他们的抑郁和不快。用礼仪开导，不但可以严肃仪表，还可以在打恭作揖中活动血脉，在叩拜屈伸中强健筋骨。教导他们读书，不但可以开发他们的智力，而且可以在反复研讨中存养心性，在抑扬顿挫的朗诵中弘扬志向。所有这一切都是顺着他们的天性，引导他们的意志，调理他们的性情，在潜移默化中，清除鄙陋吝啬和粗劣愚顽。这样，使他们逐渐符合礼仪规范而不感到辛苦，性情在不知不觉中达到中正平和，这就是先王创办教育的宗旨。

近代教育儿童，每天只知道督促句读课业，严格要求他们却不知道用礼仪引导，只求聪明而不知道用善良来培养他们，绳捆鞭打，像囚犯一样对待他们。儿童们把学校看成是监狱而不愿去，把老师长辈当作强盗仇人而不想见。于是，他们窥伺、逃避、掩盖、遮挡而去游戏玩耍，作假、掩饰、说谎，肆意顽皮，变得庸俗低劣，日益堕落。这是驱使他们作恶却又要求其向善，怎么可能呢？

我的教育主张，本意就在这里。我恐怕人们不明白，认为我很迂腐，此外我就要离开了，所以特意加以嘱咐。你们这些教师，一定要体察我的用意，永远遵守；不要因为世俗的言论而废除我定的规矩，也许可以收到蒙以养正的功效吧。切记切记！

## 教約

【原文】

每日清晨，諸生參揖畢，教讀以次徧詢諸生：在家所以愛親敬長之心，得無懈忽，未能真切否？温凊定省之儀，得無虧缺，未能實踐否？往來街衢，步趨禮節，得無放蕩，未能謹飭否？一應言行心術，得無欺妄非僻，未能忠信篤敬否？諸童子務要各以實對，有則改之，無則加勉。教讀復隨時就事，曲加誨諭開發，然後各退就席肄業。

凡歌《詩》，須要整容定氣，清朗其聲音，均審其節調，毋躁而急，毋蕩而囂，毋餒而懾。久則精神宣暢，心氣和平矣。每學量童生多寡，分爲四班，每日輪一班歌《詩》；其餘皆就席，斂容肅聽。每五日則總四班遞歌於本學。每朔望集各學會歌於書院。

凡習禮，需要澄心肅慮，審其儀節，度其容止；毋忽而惰，毋沮而怍，毋徑而野；從容而不失之迂緩，修謹而不失之拘局。久則體貌習熟，德性堅定矣。童生班次，皆如歌詩，每間一日，則輪一班習禮。其餘皆就席，斂容肅觀。習禮之日，免其課仿。每十日則總四班遞習於本學。每朔望則集各學會習於書院。

凡授書不在徒多，但貴精熟。量其資稟，能二百字者，止可授以一百字。常使精神力量有餘，則無厭苦之患，而有自得之美。諷誦之際，務令專心一志，口誦心惟，字字句句，紬繹反復，抑揚其音節，寬虚其心意。久則義禮浹洽，聰明日開矣。

每日工夫，先考德，次背書誦書，次習禮，或作課仿，次復誦書講書，次歌《詩》。凡習禮歌《詩》之數，皆所以常存童子之心，使其樂習不倦，而無暇及於邪僻。教者知此，則知所施矣。雖然，此其大略也；神而明之，則存乎其人。

【译文】

每天清晨，学生参拜行礼完毕，教师应依次问每个学生：在家时热爱亲人、尊敬长辈是否真切而无懈怠疏忽？在温凊定省的礼节上是否身体力行而没有欠缺呢？在街上行走时是否谨慎注意而没有放荡不羁？一切言行心思，是否欺妄怪诞未能做到忠信笃实呢？每位学生一定要如实回答，有则改之，无则加勉。老师要随时针对具体情况，委婉地启发开导，而后让他们各自回到座位上学习。

唱歌诵《诗》时要仪容整洁，平心静气，吐字要清晰，节奏要均匀，不急不躁，不狂不闹，不畏难，不气馁，时间长了，就会感到精神舒畅，心平气和。每个学校根据学生的多少分成四个班，每天轮流一个班唱歌诵《诗》，其余的学生都坐着认真倾听。每五天让四个班在本校依次唱歌诵诗，每月初一、十五各学校到书院集合唱歌。

练习礼仪必须排除杂念，平心静气，老师要认真审察学生的礼仪细节、容貌举止；不要疏忽、懈怠，不要拘谨、害羞，不要随便、粗野；从容不迫而不迂腐缓慢，言行谨慎而不拘束紧张。时间长了，礼仪熟练了，德性就坚定了。学生的班次同歌咏时一样。每隔一天一个班练习礼仪，其余的班级坐着恭敬严肃地观看。练习礼仪这一天，免去其他课业。每隔十天集合四个班在本校依次练习礼仪。每到初一、十五则集合各学堂到书院练习礼仪。

老师讲课不在量多，贵在精熟。根据学生的资质，能认识二百字的只教一百字，让学生的精力有富余，他们就不会因辛苦而厌学，反而会有有所收获的愉悦。在诵读时，一定要专心致志，口读心想，字字句句，反复体会，音节要抑扬顿挫，心胸要宽广虚静。时间长了，学生就能文明有礼，日益聪明了。

每天的功课，先要考察德性，其次是背书、读书，再次是练习礼仪或做课业，最后再读书、讲课、唱歌诵《诗》。练习礼仪、唱歌诵诗都是为了存养儿童的天性，使他们乐于学习而不感到厌倦，没有时间去干歪门邪道的事。老师们了解了这一点，就知道该如何教育学生了。这里说的只是大概；至于明白领悟其中的精妙之处，就在于各人的努力了。

【原文】

## 下卷

### 陳九川録

正德乙亥，九川初見先生於龍江。先生與甘泉先生論格物之説，甘泉持舊説。先生曰：「是求之於外了。」甘泉曰：「若以格物理爲外，是自小其心也。」九川甚喜舊説之是。先生又論《盡心》一章，九川一聞，卻遂無疑。

後家居，復以格物遺質。先生答云：「但能實地用功，久當自釋。」山間乃自録《大學》舊本讀之，覺朱子格物之説非是，然亦疑先生以意之所在爲物，物字未明。

己卯，歸自京師，再見先生於洪都。先生兵務倥傯，乘隙講授。首問：「近年用功何如？」

九川曰：「近年體驗得『明明德』功夫只是『誠意』。自『明明德於天下』，步步推入根源，到『誠意』上，再去不得。如何以前又有格致功夫？後又體驗，覺得意之誠僞，必先知覺乃可，以顔子有不善未嘗知之，知之未嘗復行爲證，豁然若無疑，卻又多了格物功夫。又思來吾心之靈何有不知









意之善惡？只是物欲蔽了，須格去物欲，始能如顔子未嘗不知耳。又自疑功夫顛倒，與誠意不成片段。後問希顔。希顔曰：『先生謂格物、致知是誠意功夫，極好。』九川曰：『如何是誠意功夫？』希顔令再思體看。九川終不悟，請問。」

先生曰：「惜哉！此可一言而悟！惟濬所舉顔子事便是了。只要知身、心、意、知、物是一件。」

九川疑曰：「物在外，如何與身、心、意、知是一件？」

先生曰：「耳、目、口、鼻、四肢，身也，非心安能視、聽、言、動？心欲視、聽、言、動，無耳、目、口、鼻、四肢亦不能。故無心則無身，無身則無心。但指其充塞處言之謂之身，指其主宰處言之謂之心，指心之發動處謂之意，指意之靈明處謂之知，指意之涉著處謂之物：只是一件。意未有懸空的，必著事物，故欲誠意則隨意所在某事而格之，去其人欲而歸於天理，則良知之在此事者無蔽而得致矣。此便是誠意的工夫。」

九川乃釋然，破數年之疑。

又問：「甘泉近亦信用《大學》古本，謂格物猶言造道，又謂窮理如窮其巢穴之窮，以身至之也。故格物亦只是隨處體認天理。似與先生之説

漸同。」

先生曰：「甘泉用功，所以轉得來。當時與説親民字不須改，他亦不信。今論格物亦近，但不須换物字作理字，只還他一物字便是。」

後有人問九川曰：「今何不疑『物』字？」曰：「《中庸》曰『不誠無物』，程子曰『物來順應』，又如『物各付物』、『胸中無物』之類，皆古人常用字也。」他日先生亦雲然。

【译文】

正德十年（一五一五年），九川在龙江第一次见到先生。当时先生正和甘泉先生讨论格物学说，甘泉先生坚持朱熹的观点。先生说：「这是在心外探求。」甘泉先生说：「如果认为探求事物的理是外求，那是把心看小了。」九川十分赞同朱熹的说法。先生又谈到《孟子》中《尽心》一章，九川听后，对先生的格物学说再无怀疑。

后来在家闲居，九川又向先生请教格物的学说。先生说：「只要你能踏踏实实地用功，时间长了自然会明白。」山中居住期间，抄录了《大学》旧本阅读，觉得朱熹的格物学说不对，但也怀疑先生把意的所在之处当作物，对这个物字不明了。

正德十四年（一五一九年），九川从京城回来，在江西南昌再次见到先生。当时先生军务繁忙，只能抽空给我讲课。他首先问我：「近年来用功如何？」



九川说：「近年来，我体会到『明明德』的功夫只是『诚意』。从『明明德于天下』，一步步追根溯源，到『诚意』上就推不下去了。『诚意』之前怎么会有『格物』、『致知』的功夫呢？经过体验，觉得意是否真诚必须先有知觉才行，颜回的有不善未尝知之，知之未尝复行可以为证。于是我豁然开朗，确信无疑，但又多了一个格物的功夫。又想，凭着心的灵明，我怎么会不知意的善恶呢？是因为受到物欲的蒙蔽，必须格除物欲，才能像颜回那样善恶尽知。我又怀疑是功夫下颠倒了，导致格物和诚意联系不起来。后来我问希颜，希颜说：『先生认为格物、致知是诚意的功夫，说得好极了。』我又问：『为什么是诚意的功夫？』希颜让我再仔细考虑体察。但是我始终没有体会出来，请先生指点。」

先生说：「可惜啊！这本来是一句话就能说清楚的！你所举的颜回的事例就可以说明问题，只要知道身、心、意、知、物是一回事就行了。」

九川疑惑不解地说：「物在心外，怎么和身、心、意、知是一回事呢？」

先生说：「耳、目、口、鼻、四肢都是身体的一部分，但是没有心它们怎么能视、听、言、动呢？心要视、听、言、动，没有耳、目、口、鼻、四肢也不行。所以没有心就没有身体，没有身体也就没有心。就其充塞空间而言叫身，就其主宰作用而言叫心，心的发动就是意，意的灵明就是知，意所涉及到的就是物；都只是一回事。意不能凭空存在，必须附着事物。所以要想诚意，就要随着意所涉及的事物去格，去掉人欲而恢复天理。那么，良知在这件事上就不会受到蒙蔽，

就可以致知了。这就是诚意的功夫。」

九川几年的疑惑顿时豁然开朗。

九川又问：「甘泉先生近年来也相信《大学》旧本，认为格物如同求道，认为穷理的穷就像是穷其巢穴的穷，要亲自到巢穴里去。所以，格物也就是随处体察天理，这似乎同先生的学说渐渐一致了。」

先生说：「甘泉肯用功，所以他能转过弯来。当时我对他说亲民不能改为新民，他也不相信。现在他所讲的格物同我的观点也接近了，只是不必把物字改成理字，仍然用物字就行了。」

后来有人问九川：「现在为什么不怀疑『物』字了？」九川说：「《中庸》说『不诚无物』，程颢说『物来顺应』，还有『物各付物』、『胸中无物』等等，都是古人常用的字。」后来先生也这样说。

【原文】

九川問：「近年因厭泛濫之學，每要靜坐，求屏息念慮。非惟不能，愈覺擾擾，如何？」

先生曰：「念如何可息？只是要正。」

曰：「當自有無念時否？」

先生曰：「實無無念時。」

曰：「如此卻如何言靜？」



曰：「靜未嘗不動，動未嘗不靜。戒謹恐懼即是念，何分動靜？」

曰：「周子何以言定之以中正仁義而主靜？」

曰：「無欲故靜，是『靜亦定，動亦定』的『定』字，主其本體也。戒懼之念是活潑潑地。此是天機不息處，所謂『維天之命，於穆不已』。一息便是死。非本體之念即是私念。」

【译文】

九川问：「近几年因为讨厌流行的博览学说，每每要静坐摒弃思虑，不但不能，反而更感到心神不宁。这是为什么？」

先生说：「思虑怎么能打消？只是要让它纯正。」

九川说：「是否存在没有念头的时候？」

先生说：「确实没有。」

九川说：「如此说来，又怎么能理解静呢？」

先生说：「静中未尝没有动，动中未尝没有静。戒谨恐惧就是念头，怎么分动静呢？」

九川说：「周敦颐先生为什么说定之以中正仁义而主静？」

先生说：「没有欲念所以静，周敦颐先生说的定就是程颢先生说的『静亦定，动亦定』的『定』。主是指本体。戒慎恐惧的念头是生机盎然的，这正是天机流动不息的地方，也就是所谓

『天道是深远永恒的』。一旦停息就是死亡，不是从本体发出的念头就是私念。」

【原文】

又問：「用功收心時，有聲、色在前，如常聞見，恐不是專一。」

曰：「如何欲不聞見？除是槁木死灰，耳聾目盲則可。只是雖聞見而不流去便是。」

曰：「昔有人靜坐，其子隔壁讀書，不知其勤惰。程子稱其甚敬。何如？」

曰：「伊川恐亦是譏他。」

【译文】

九川又问：「当用功专心时，如果有声、色在面前，还像平常那样想去听想去看，恐怕就不是专一。」

先生说：「怎么能不想听不想看？除非是心如死灰、身如槁木、耳聋眼瞎的人。虽然听见看见，只要心不随着声色去就行了。」

九川说：「从前有人静坐，他的儿子在隔壁读书，却不知道儿子是勤奋还是懒惰。程颐称赞他能够持敬，为什么？」

先生说：「程颐恐怕是在讥笑他。」

【原文】

又問：「靜坐用功，頗覺此心收斂。遇事又斷了。旋起箇念頭，去事上省察。事過又尋舊功，還覺有內外，打不作一片。」

先生曰：「此格物之説未透。心何嘗有內外？即如惟濬今在此講論，又豈有一心在內照管？這聽講説時專敬，即是那靜坐時心。功夫一貫，何須更起念頭？人須在事上磨煉，做功夫乃有益。若只好靜，遇事便亂，終無長進。那靜時功夫亦差似收斂，而實放溺也。」

後在洪都，復與於中、國裳論內外之説，渠皆雲：「物自有內外，但要內外並著功夫，不可有間耳。」以質先生。

曰：「功夫不離本體，本體原無內外。只爲後來做功夫的分了內外，失其本體了。如今正要講明功夫不要有內外，乃是本體功夫。」

是日俱有省。

【译文】

九川又问：「静坐用功，能明显地感到自己的心在收敛。但一遇到事情就中断了。马上起一个念头到事上省察，事情过后再去寻找以前的功夫，仍然觉得内省的功夫和躬行的功夫有区别，打不成一片。」

先生说：「这是对格物学说的理解还不彻底。心哪里有内外的区别？就像你现在在这里讨论，难道还有一个心在里边起作用？在这儿听讲时专心恭敬的，就是那静坐时的心。功夫是一以贯之的，何必再起一个念头？人必须在事情上磨炼，功夫才会有长进。如果只是一味好静，遇到事情就慌乱，终究是不会有进步的。那种一味求静的功夫，似乎是在收敛，其实却是放纵沉溺。」

后来在洪都，九川又和于中、国裳讨论内外的学说，他俩都说：「事物原本就有内外之分，只是要内外一起用功，不可有间隔而已！」九川就向先生请教。

先生说：「功夫与本体不可分，而本体原本没有内外之分。只是后来下功夫的人把功夫区分为内外两种，进而就失去了本体。如今正是要讲清楚，功夫不要分内外两种，这才是本体功夫。」

这一天大家都有所领悟。

【原文】

又問：「陸子之學何如？」

先生曰：「濂溪、明道之後，還是象山，只是麤些。」

九川曰：「看他論學，篇篇說出骨髓，句句似針膏肓，卻不見他麤。」

先生曰：「然他心上用過功夫，與揣摹依仿，求之文義自不同。但細



看有麤處，用功久當見之。」

【译文】

九川又问：「陆象山先生的学说如何？」

先生说：「周敦颐、程颢以后，还数陆象山，只是略显粗糙了一些。」

九川说：「我看他探讨学问，篇篇都讲出了精髓，句句像刺入膏肓，看不出他的粗糙之处。」

先生说：「对呀，他在心上下过功夫，与只在字义上揣测模仿当然不同，但仔细看就会发现有粗糙的地方，用功久了就能发现。」

【原文】

庚辰往虔州，再見先生，問：「近來功夫雖若稍知頭腦，然難尋箇穩當快樂處。」

先生曰：「爾卻去心上尋箇天理，此正所謂理障。此間有箇訣竅。」

曰：「請問如何？」

曰：「只是致知。」

曰：「如何致？」

曰：「爾那一點良知，是爾自家底準則。爾意念著處，他是便知是，

非便知非，更瞞他一些不得。爾只不要欺他，實實落落依著他做去，善便存，惡便去，他這里何等穩當快樂！此便是格物的真訣、致知的實功。若不靠著這些真機，如何去格物？我亦近年體貼出來如此分明，初猶疑只依他恐有不足，精細看無些小欠闕。」

【译文】

正德十五年（一五二〇年），九川到虔州再次见先生，问：「近来我下功夫，虽然稍微知道些关键，但很难找到一个稳当快乐的地方。」

先生说：「你要到心上寻找一个天理，这就是所说的理障。这当中有个诀窍。」

九川说：「是什么诀窍？」

先生说：「就是致知。」

九川问：「怎样致知呢？」

先生说：「你那一点良知，就是你自己的准则。你的意念所到之处，对的就知道是对的，不对的就知道是不对，一点也隐瞒不了。你只要不欺骗自己的良知，踏踏实实地根据良知行事，善就保存，是恶就除去，这是何等的稳当快乐啊！这就是格物的真正秘诀、致知的实在功夫。如果不依靠这些真正的关键，怎么去格物？我也是近年来才体会得这样明白，刚开始还怀疑只依靠良知恐怕还不够，仔细体察后，发现没有任何缺陷。」



【原文】

在虔與於中、謙之同侍。先生曰：「人胸中各有箇聖人，只自信不及，都自埋倒了。」因顧於中曰：「爾胸中原是聖人。」

於中起，不敢當。

先生曰：「此是爾自家有的，如何要推？」

於中又曰：「不敢。」

先生曰：「衆人皆有之，況在於中？卻何故謙起來？謙亦不得。」

於中乃笑受。

又論：「良知在人，隨你如何，不能泯滅，雖盜賊亦自知不當爲盜。喚他做賊，他還忸怩。」

於中曰：「只是物欲遮蔽，良知在內，自不會失。如雲自蔽日，日何嘗失了？」

先生曰：「於中如此聰明，他人見不及此。」

【译文】

在虔州时，九川与于中、谦之一同陪着先生。先生说：「每人胸中都有个圣人，只因自信心不够，自己把圣人埋没了。」先生于是看着于中说：「你胸中本来有圣人。」

于中站起来表示不敢当。

先生说："这是你本来就有的，为何要推辞呢？"

于中又说："不敢。"

先生说："大家都有，何况于中？为何谦让起来了？这也是谦让不得的。"

于中才笑着接受了。

先生又解释说："良知在人心中，不管怎样也泯灭不了，即便是盗贼也知道自己不应该去偷盗。喊他是贼，他也不好意思呢。"

于中说："这只是由于物欲蒙蔽。良知在人心中，自然不会丧失；这如同乌云遮蔽太阳，太阳又何曾丧失了呢？"

先生说："于中这样聪明，别人的见识达不到这一境界。"

【原文】

先生曰："這些子看得透徹，隨他千言萬語，是非誠僞，到前便明。合得的便是，合不得的便非，如佛家説心印相似。真是箇試金石、指南針。"

【译文】

先生说："把良知认识透彻，不管千言万语，是非真假，一看就明白。符合的就对，不符合的就不对，这如同佛家说的心印一样，真是个试金石、指南针。"

【原文】

先生曰："人若知這良知訣竅，隨他多少邪思枉念，這里一覺，都自消融。真箇是靈丹一粒，點鐵成金。"

【译文】

先生说："人如果知道良知的诀窍，不管有多少邪念私心，只要良知觉察，自然会消除。真像一粒灵丹，可以点铁成金。"

【原文】

崇一曰："先生致知之旨發盡精蘊，看來這里再去不得。"

先生曰："何言之易也！再用功半年看如何？又用功一年看如何？功夫愈久，愈覺不同。此難口説。"

【译文】

崇一说："先生把致良知的宗旨，阐述得淋漓尽致，看来在这个问题上想再进一步是不可能了。"

先生说："怎么能轻易这样说？再用半年功看看怎样？再用一年功看看怎样？下功夫时间越长，感觉越不同。这难以用语言表达。"

【原文】

先生問九川：「於『致知』之説，體驗如何？」

九川曰：「自覺不同。往時操持常不得箇恰好處，此乃是恰好處。」

先生曰：「可知是體來與聽講不同。我初與講時，知爾只是忽易，未有滋味。只這箇要妙，再體到深處，日見不同，是無窮盡的。」

又曰：「此致知二字，真是箇千古聖傳之秘，見到這里，百世以俟聖人而不惑！」

【译文】

先生问九川：「你对『致良知』学说有何体会？」

九川说：「感觉同以前不一样。从前操作时往往不能恰如其分，现在可以了。」

先生说：「可见体会到的与听到的不一样。我当初给你讲时，知道你只是糊里糊涂，飘忽不定，没有体会到什么。从恰到好处再往深处体会，每天都会有不同的认识。这是没有穷尽的。」

先生又说：「这『致知』两字，真是圣贤千古传承的秘诀，懂得了它，就能百世以俟圣人而不惑！」

【原文】

九川問曰：「伊川説到『體用一源，顯微無間』處，門人已説是泄天機。先生致知之説，莫亦泄天機太甚否？」

先生曰：「聖人已指以示人，只爲後人掩匿，我發明耳，何故説泄？此是人人自有的，覺來甚不打緊一般。然與不用實功人説，亦甚輕忽，可惜彼此無益無實。用功而不得其要者提撕之，甚沛然得力。」

又曰：「知來本無知，覺來本無覺。然不知則遂淪埋。」

【译文】

九川问：「程颐先生谈到『体用一源，显微无间』时，学生说他泄露了天机。先生的致良知学说，是否也泄露天机太多？」

先生说：「圣人早已把致良知学说告诉了世人，只是被后人掩盖了，我不过是把它重新揭示出来，怎么能说泄露天机呢？良知是人人都有的，只是人们觉得它无关痛痒罢了。同不实在用功的人谈，可惜他们也十分轻视，对彼此也没有什么实在的益处。用功却不得要领的人讲解清楚，他们感到大有裨益。」

先生又说：「知道了才发现本来无所谓知道，觉悟了才发现本来无所谓觉悟。但是如果不知，那么自己的良知便会沦落埋没。」

【原文】

先生曰："大凡朋友，須箴規指摘處少，誘掖奬勸意多，方是。"

後又戒九川云："與朋友論學，須委曲謙下，寬以居之。"

【译文】

先生说："朋友间应少一些指摘批评抨击，多一些开导鼓励劝勉才好。"

后来先生又告诫九川说："同朋友探讨学问，应该谦虚委婉，宽以待人。"

【原文】

九川卧病虔州。

先生云："病物亦難格，覺得如何？"

對曰："功夫甚難。"

先生曰："常快活，便是功夫。"

【译文】

九川在虔州生病了。

先生说："病很难格正，你感觉如何？"

九川回答说："这个功夫的确很难。"

先生说："经常保持身心愉快，就是功夫。"



【原文】

九川問："自省念慮，或涉邪妄，或預料理天下事，思到極處，井井有味，便繾綣難屏。覺得早則易，覺遲則難，用力克治，愈覺扞格。惟稍遷念他事，則隨兩忘。如此廓清亦似無害。"

先生曰："何須如此，只要在良知上著功夫。"

九川曰："正謂那一時不知。"

先生曰："我這里自有功夫。何緣得他來？只爲爾功夫斷了，便蔽其知。既斷了，則繼續舊功便是，何必如此？"

九川曰："真是難鏖。雖知，丟他不去。"

先生曰："須是勇。用功久，自有勇，故曰是集義所生者，勝得容易，便是大賢。"

九川問："此功夫卻於心上體驗明白，只解書不通。"

先生曰："只要解心。心明白，書自然融會。若心上不通，只要書上文義通，卻自生意見。"

【译文】

九川问："我反省自己的思虑，有时涉及到邪妄，有时又思考治理天下的事。想到最佳状

态时，也感觉到津津有味，难以舍弃。发现得早还容易去掉，发现得晚就很难去掉。用力去克制，越发感到矛盾，只有去想别的事情才能忘掉。这样清除思虑，好像也没有什么害处。」

先生说：「没必要这样，只要在良知上下功夫就行了。」

九川说：「我说的正是不知道良知时的情景。」

先生说：「我这里自有功夫。怎么会出现这种情况呢？只因为你的功夫中断了，蒙蔽了自己的良知。既然功夫中断了，继续用原来的功夫就是了，何必要这样？」

九川说：「那真是一场苦战，虽然知道了，就是去不掉。」

先生说：「这必须有勇气。用功久了，自然有勇气，所以说是集义所生者。如果能轻易战胜，就是大贤人。」

九川问：「致良知的功夫在心上能体验清楚，却解释不通书上的文句。」

先生说：「只需要在心上体悟明白。心里明白了，对书上的意思自然融会贯通。如果心里不明白，只是通晓了书上的文义，反而会产生不正确的解释。」

【原文】

有一屬官，因久聽講先生之學，曰：「此學甚好，只是簿書訟獄繁難，不得爲學。」

先生聞之曰：「我何嘗教爾離了簿書訟獄，懸空去講學？爾既有官司之事，便從官司的事上爲學，才是真格物。如問一詞訟，不可因其應對無狀，起箇怒心；不可因他言語圓轉，生箇喜心；不可惡其囑託，加意治之；不可因其請求，屈意從之；不可因自己事務煩冗，隨意苟且斷之；不可因旁人譖毁羅織，隨人意思處之。這許多意思皆私，只爾自知，須精細省察克治，惟恐此心有一毫偏倚，枉人是非。這便是格物、致知。簿書訟獄之間，無非實學。若離了事物爲學，卻是著空。」

【译文】

先生的一位下属长期听先生讲学，他说：「先生的学说很好，只是我要处理的文件繁多，案子复杂，没有时间去学。」

先生听了这话说：「我什么时候叫你离开文件、案子凭空去做学问？你既然要处理案件，就在处理案件上做学问，这才是真正的格物。比如审理案件时，不能因当事人回答时无礼而发怒，不能因其言词委婉周密而高兴，不能因厌恶其说情而故意惩罚他，不能因其哀求而屈意答应他，不能因自己事务烦杂而随便断案，不能因别人罗织罪名诽谤陷害而按他们的意愿处治：以上讲的情况都是私心的表现，只有你自己知道，必须认真反省体察克制，唯恐心中有丝毫的偏私而错判了是非，这就是格物、致知。处理文件、审理案子都是实实在在的学问，如果脱离了具体事物去做学问，反而会落空。」

【原文】

虔州將歸，有詩别先生雲：「良知何事係多聞？妙合當時已種根。好惡從之爲聖學，將迎無處是乾元。」

先生曰：「若未來講此學，不知説好惡從之從箇甚麽。」

敷英在座曰：「誠然。嘗讀先生《大學古本序》，不知所説何事。及來聽講許時，乃稍知大意。」

【译文】

九川将要离开虔州时，写了一首诗向先生告别：「良知何事系多闻，妙合当时已种根，好恶从之为圣学，将迎无处是乾元。」

先生说：「你如果没来这里讨论学问，那么，就不知道好恶从之从的是什么。」

在座的敷英说：「是呀，我曾经读过先生的《大学古本序》，但不明白说的是什么。到这里听讲一段时间后，才稍微知道其中的大意。」

【原文】

於中、國裳輩同侍食。

先生曰：「凡飲食只是要養我身，食了要消化。若徒蓄積在肚里，便成痞了，如何長得肌膚？後世學者博聞多識，留滯胸中，皆傷食之病也。」

【译文】

于中、国裳等人陪先生吃饭。

先生说：「吃饭只是为了滋养我们的身体，吃了要消化，如果仅仅是把食物积在肚子里，就成了消化不了的肿块，怎么能滋养身体呢？后世的学者博闻强记，把知识都滞留在胸中，就是患了消化不良的病症。」

【原文】

先生曰：「聖人亦是學知，衆人亦是生知。」

問曰：「何如？」

曰：「這良知人人皆有。聖人只是保全無些障蔽，兢兢業業，亹亹翼翼，自然不息，便也是學。只是生的分數多，所以謂之生知安行。衆人自孩提之童，莫不完具此知，只是障蔽多，然本體之知自難泯息，雖問學克治也只憑他。只是學的分數多，所以謂之學知利行。」

【译文】

先生说：「圣人也是学而知之，众人也是生而知之。」

九川问：「为什么？」

先生说：「良知人人都有。圣人只是能够保全而不使其受到任何蒙蔽，兢兢业业，勤勤恳

抱，良知自然常存，这也就是学习。只是生知的成分多，所以说圣人是生知安行。一般人在孩提时也都具备良知，只是被蒙蔽得太多，但是本体的良知却难以泯灭，学习克制也就是凭着良知进行的。不过学知的成分多，所以说一般人是学知利行。」

【原文】

黄直録

黄以方問：「先生格致之説，隨時格物以致其知，則知是一節之知，非全體之知也。何以到得溥博如天，淵泉如淵地位？」

先生曰：「人心是天淵，心之本體無所不該，原是一箇天。只爲私欲障礙，則天之本體失了。心之理無窮盡，原是一箇淵。只爲私欲窒塞，則淵之本體失了。如今念念致良知，將此障礙窒塞一齊去盡，則本體已復，便是天、淵了。」乃指天以示之曰：「比如面前見天，是昭昭之天；四外見天，也只是昭昭之天，只爲許多房子牆壁遮蔽，便不見天之全體，若撤去房子墻壁，總是一箇天矣。不可道眼前天是昭昭之天，外面又不是昭昭之天也。於此便見一節之知即全體之知，全體之知即一節之知，總是一箇本體。」

【译文】

黄以方问：「先生的格物、致知学说，是随时格物来致良知的，那么，这知就是部分的知，不是全体的知。这怎么能达到周遍广大如天，静深有本如渊的程度呢？」

先生说：「人心就是天，就是渊，心的本体无所不包，它原本就是一个天，只是被私欲蒙蔽，才丧失了天的本来面目。心中的理无穷尽，原本就是一个渊，只是为私欲阻塞，才失去了作为渊的本体。现在念念不忘致良知，将这些障碍阻塞一齐清除，恢复心的本体，就是天和渊。」于是，先生就指着天说：「比如前面看到的天，是晴朗的天；在四外看到的天，也还是这晴朗的天，只是被许多房屋墙壁遮蔽，看不到天的全体；如果把房子墙壁全部撤去，就是一个天了。不能说眼前的天是晴朗的天，外面的天就不是晴朗的天。由此可见，部分的良知就是全体的良知，全体的良知也就是部分的良知，良知的本体只有一个。」

【原文】

先生曰：「聖賢非無功業氣節，但其循著這天理，則便是道。不可以事功氣節名矣。」

【译文】

先生说：「圣贤不是没有功业气节，他们只是遵循天理，这就是道。圣贤不是以功业气节而闻名的。」

【原文】

「『發憤忘食』是聖人之志，如此真無有已時；『樂以忘憂』是聖人之道，如此真無有慼時。恐不必雲得不得也。」

【译文】

先生说：「『发愤忘食』，圣人的志向，就是这样真的没有停止的时候；『乐以忘忧』，圣人的道，就是这样确实是没有忧伤的时候。恐怕不必说什么得与不得。」

【原文】

先生曰：「我輩致知，只是各隨分限所及。今日良知見在如此，只隨今日所知擴充到底；明日良知又有開悟，便從明日所知擴充到底。如此方是精一功夫。與人論學，亦須隨人分限所及。如樹有這些萌芽，只把這些水去灌溉，萌芽再長，便又加水。自拱把以至合抱，灌溉之功皆是隨其分限所及。若些小萌芽，有一桶水在，盡要傾上，便浸壞他了。」

【译文】

先生说：「我们这些人致良知，也只是各人尽自己的能力而为。今天良知认识到这个程度，就根据今天的认识扩充到底；明天良知又有新的省悟，就从明天的认识扩充到底。这才是精一的功夫。与别人讨论学问，也必须根据对方的资质禀赋。好比树刚发芽，只能用一点水去浇灌，树芽再长大一些，就再多浇些水。树从两手合握到双臂合抱，浇水的多少都是根据树的大小需要来定。刚发芽的小树，如果把一桶水全浇上，就会把树淹死。」

【原文】

問「知行合一」。

先生曰：「此須識我立言宗旨。今人學問，只因知行分作兩件，故有一念發動，雖是不善，然卻未曾行，便不去禁止。我今說箇知行合一，正要人曉得一念發動處便卽是行了。發動處有不善，就將這不善的念克倒了，須要徹根徹底，不使那一念不善潛伏在胸中。此是我立言宗旨。」

【译文】

有人请教「知行合一」的问题。

先生说：「这就必须知道我立言的宗旨。现今世人的学问，把知行看成两件事，所以，有一个不善的念头产生，因为没有付诸实践，就不去克制它。我现在说知行合一，正是要人知道一念萌生就是行动。如果萌生了不善的念头，就把它克制掉，必须把它从心中彻底根除。这就是我创立这个观点的宗旨。」

【原文】

「聖人無所不知，只是知箇天理；無所不能，只是能箇天理。聖人本體

明白，故事事知箇天理所在，便去盡箇天理。不是本體明後，卻於天下事物都便知得，便做得來也。天下事物，如名物度數、草木鳥獸之類，不勝其煩，聖人雖是本體明了，亦何緣能盡知得？但不必知的，聖人自不消求知；其所當知的，聖人自能問人，如『子入太廟每事問』之類。先儒謂『雖知亦問，敬謹之至』，此說不可通。聖人於禮樂名物不必盡知，然他知得一箇天理，便自有許多節文度數出來。不知能問，亦卽是天理節文所在。」

【译文】

「圣人无所不知，知道的只是个天理；无所不能，能的也只是个天理。圣人的本体明白透彻，所以每一件事都知道它的天理在哪儿，就去穷尽天理。而不是本体明白后，天下万事万物就都懂得了，就都能做。天下的事物，如名物、度数、草木、鸟兽等等，不计其数，圣人虽然是本体明白，又如何能什么都知道？但凡不必知道的，圣人自然不会去求知；其应当知道的，圣人自然会向人询问，比如『孔子进太庙，事事都问』等。朱熹先生引用伊和靖的话认为，孔子『虽然知道也还要问，这是极其恭敬谨慎的表现』，这说不通。圣人对于礼乐名物，没必要全部知道，但是他知道一个天理，就自然会明白许多规矩法则。不懂就问，这也是天理法则的体现。」

【原文】

問：「先生嘗謂『善惡只是一物』。善惡兩端，如冰炭相反，如何謂只一物？」

先生曰：「至善者，心之本體。本體上才過當些子，便是惡了。不是有一箇善，卻又有一箇惡來相對也。故善惡只是一物。」

直因聞先生之說，則知程子所謂「善固性也，惡亦不可不謂之性」。又曰：「善惡皆天理，謂之惡者本非惡，但於本性上過與不及之間耳。」其說皆無可疑。

【译文】

黄直问：「先生曾说过善恶只是一个东西。善和恶就如冰和炭，相互对立，怎么说只是一个东西呢？」

先生说：「最高的善是心的本体，本体稍有过分就是恶。而不是有一个善，又有一个恶来与之相对立。所以说善恶只是一个东西。」

黄直听了先生的解释，就明白了程颢先生所说的两句话善固性也，恶亦不可不谓之性」。又说：「善恶皆天理，谓之恶者本非恶，但于本性上过与不及之间耳。」黄直对这些说法都不再有疑问。

【原文】

先生嘗謂：「人但得好善如好好色，惡惡如惡惡臭，便是聖人。」

直初時聞之，覺甚易，後體驗得來，此箇功夫著實是難。如一念雖知好善惡惡，然不知不覺，又夾雜去了。才有夾雜，便不是好善如好好色、惡惡如惡惡臭的心。善能實實的好，是無念不善矣；惡能實實的惡，是無念及惡矣。如何不是聖人？故聖人之學，只是一誠而已。

【译文】

先生曾说过：「人只要能喜欢善德像爱好美色、厌恶恶行像讨厌恶臭那样，就是圣人。」黄直刚听到时，觉得这很容易，后来仔细体会才明白，这个功夫其实很难。比如心里虽然知道好善恶恶，但不知不觉中又掺杂进别的东西。一掺杂进别的东西，心就不能像喜欢美色那样爱好善、厌恶恶臭那样讨厌恶。如能实实在在地爱好善，那么就没有什么念头不善了；如能确实实地讨厌恶，那么就没有什么念头涉及恶了。这又怎么不是圣人呢？所以圣人的学说，也就只是个诚罢了。

【原文】

問：「修道說言：『率性之謂道』，屬聖人分上事；『修道之謂教』屬賢人分上事。」

先生曰：「衆人亦率性也，但率性在聖人分上較多，故『率性之謂道』屬聖人事。聖人亦修道也，但修道在賢人分上多，故『修道之謂教』屬賢人事。」

又曰：「《中庸》一書，大抵皆是說修道的事。故後面凡說君子，說顏淵，說子路，皆是能修道的；說小人，說賢、知、愚、不肖，說庶民，皆是不能修道的；其他言舜、文、周公、仲尼至誠至聖之類，則又聖人之自能修道者也。」

【译文】

有人请教先生：「修道说中所讲：『率性之谓道』，属圣人分内的事；『修道之谓教』属贤人分内的事。」

先生说：「一般人也能率性，但率性在圣人身上表现较多，所以『率性之谓道』是圣人分内事。圣人也修道，只是修道在贤人身上表现较多，所以『修道之谓教』是贤人的事。」

先生又说：「《中庸》这本书，基本上都是讲修道的事。因此，后面凡是说到君子，说到颜回、子路，都是能修道的；凡是说到小人，说到贤者、智者、愚者、不肖者、庶民，都是不能修道的。其他的说到舜、文王、周公、孔子等至诚至圣的人，则又是圣人中能自然而然修道的人。」

【原文】

問：「儒者到三更時分，掃蕩胸中思慮，空空靜靜，與釋氏之靜只一般，兩下皆不用，此時何所分別？」

先生曰：「動靜只是一箇。那三更時分空空靜靜的，只是存天理，即是如今應事接物的心；如今應事接物的心，亦是循此天理，便是那三更時分空空靜靜的心。故動靜只是一箇，分别不得。知得動靜合一，釋氏毫釐差處亦自莫掩矣。」

【译文】

有人问：「儒者到三更时，扫清胸中思虑，空空静静，与佛教所讲的静一样。这时儒、佛两家的功夫都不发挥作用，如何区别它们呢？」

先生说：「动静是一回事。三更时空空静静，只是存养天理，就是现在应对事物的心；现在应对事物的心，也是要遵循天理，也就是三更时空空静静的心。所以动静只是一回事，不能分开。明白动静合一的道理，佛教同儒家的细微差别也自然掩盖不了。」

【原文】

門人在座，有動止甚矜持者。先生曰：「人若矜持太過，終是有弊。」

曰：「矜持太過，如何有弊？」

曰：「人只有許多精神，若專在容貌上用功，則於中心照管不及者多矣。」

有太直率者。先生曰：「如今講此學，卻外面全不檢束，又分心與事爲二矣。」

【译文】

在座的学生中，有人举止过于矜持。先生说：「人如果太矜持了，终究是有弊病。」

黄直问：「过于矜持，为何有弊病？」

先生说：「人只有这么多精力，如果专门在容貌仪表上下功夫，就会经常照顾不到内心。」

有的学生过于直率。先生说：「现在讲求良知的学问，如果在礼仪上全然不加检点，这又是把心与事一分之二了。」

【原文】

門人作文送友行，問先生曰：「作文字不免費思，作了後又一二日，常記在懷。」

曰：「文字思索亦無害，但作了常記在懷，則爲文所累，心中有一物矣，此則未可也。」

又作詩送人。先生看詩畢，謂曰：「凡作文字要隨我分限所及。若説得太過了，亦非修辭立誠矣。」

【译文】

有一个学生写文章为朋友送行，问先生说：「写文章难免费心劳神，写完后一两天内还经

常记着。」

先生说：「写文章思索并没有害处，但写完了还常记在心里，就会被文章所牵累，心中有一个东西。这就不好了。」

又有人写诗送人。先生看过后说：「凡是写诗作文都要与自己的能力水平相符，如果说得太过，就不是修辞立诚了。」

【原文】

「文公格物之説，只是少頭腦，如所謂『察之於念慮之微』，此一句不該與『求之文字之中，驗之於事爲之著，索之講論之際』混作一例看，是無輕重也。」

【译文】

先生说：「朱熹先生的格物学说，只是缺少一个要领。比如他所说的『察之于念虑之微』，这一句不该与『求之文字之中，验之于事为之著，索之讲论之际』混为一谈，这是不分轻重呀。」

【原文】

問「有所忿懥」一條。

先生曰：「忿懥幾件，人心怎能無得？只是不可有耳。凡人忿懥，著了一分意思，便怒得過當，非廓然大公之體了。故有所忿懥，便不得其正也。如今於凡忿懥等件，只是箇物來順應，不要著一分意思，便心體廓然大公，得其本體之正了。且如出外見人相鬭，其不是的，我心亦怒。然雖怒，卻此心廓然，不曾動些子氣。如今怒人，亦得如此，方才是正。」

【译文】

有人向先生请教《大学》中「有所愤怒」的意思。

先生说：「愤怒、恐惧、好乐、忧患几种情绪，人心中怎么会没有呢？只是不应该有罢了。人在愤怒时，多一分意思就会过度愤怒，就不是心胸宽广无私的本体了。所以心中有所愤怒，心就不能保持中正平和。现在对于愤怒等情绪，只应顺其自然，不要有一分在意，心才能宽广无私，得到本体的中正。比如外出看见有人打架，对于错的一方我心里也愤怒。虽然愤怒，但我的心却是恢弘公正的，不会生气。现在对别人发怒时，也应该如此，这才是中正。」

【原文】

先生嘗言：「佛氏不著相，其實著了相。吾儒著相，其實不著相。」

請問。

曰：「佛怕父子累，卻逃了父子；怕君臣累，卻逃了君臣；怕夫婦累，卻逃了夫婦：都是爲箇君臣、父子、夫婦著了相，便須逃避。如吾儒，有箇父子，還他以仁；有箇君臣，還他以義；有箇夫婦，還他以别。何

曾著父子、君臣、夫婦的相？」

【译文】

先生曾经说：「佛教不执著于相，其实却执著于相；我们儒家执著于相，其实却不执著于相。」

向先生请教。

先生说：「佛教害怕父子关系的牵累，就抛弃了父子之情；害怕君臣关系的牵累，就抛弃了君臣之义；害怕夫妇关系的牵累，就抛弃夫妻情分：这都是因为执著于君臣、父子、夫妇的相，才要逃避。像我们儒家，有父子关系，就给它以仁爱；有君臣关系，就给它以忠义；有夫妻关系，就给它以礼节。何尝执著于父子、君臣、夫妻的相呢？」

【原文】

黄修易録

黄勉叔問：「心無惡念時，此心空空蕩蕩的，不知亦須存箇善念否？」

先生曰：「既去惡念，便是善念，便復心之本體矣。譬如日光被雲來遮蔽，雲去光已復矣。若惡念既去，又要存箇善念，即是日光之中添燃一燈。」



【译文】

黄修易问：「心中没有恶念时，空空荡荡，不知是否要存养一个善念？」

先生说：「既然清除了恶念，就是善念了，心的本体就恢复了。就好像阳光被乌云遮住，乌云过后阳光又重现了。如果恶念已经除掉，又要存养个善念，就像是在阳光中增加点燃一盏灯。」

【原文】

問：「近來用功，亦頗覺妄念不生，但腔子里黑窣窣的，不知如何打得光明？」

先生曰：「初下手用功，如何腔子里便得光明？譬如奔流濁水，才貯在缸里，初然雖定，也只是昏濁的。須俟澄定既久，自然渣滓盡去，復得清來。汝只要在良知上用功，良知存久，黑窣窣自能光明矣。今便要責效，卻是助長，不成工夫。」

【译文】

黄修易问：「近来用功，也深感虚妄的念头不再产生，但心里却是漆黑一片，不知道怎样才能使它光明？」

先生说：「你刚开始用功，怎么就能使心里光明呢？比如汹涌的浑水刚倒进缸里，即使已

经静止不动，也仍是浑浊的。必须澄得时间长了，水中的渣滓才会沉淀，才能成为清水。你只要在良知上用功，良知存养久了，心中的黑暗自然会变成光明。现在你想马上见效，反而是拔苗助长，不是真正的用工。」

【原文】

先生曰：「吾教人致良知，在格物上用功，卻是有根本的學問，日長進一日，愈久愈覺精明。世儒教人事事物物上去尋討，卻是無根本的學問。方其壯時，雖暫能外面修飾，不見有過，老則精神衰邁，終須放倒。譬如無根之樹，移栽水邊，雖暫時鮮好，終久要憔悴。」

【译文】

先生说：「我教人致良知，在格物上用功，这是有根本的学问，一天比一天进步，时间越长越感觉精确明白。世俗的儒生教人在各种事物上探求，是没有根本的学问。当他年轻力壮时，虽然能暂时修饰外表，别人看不出过错，到老时精力衰竭，终究会支持不住倒下去。就像没有根的树，移栽到水边，虽然暂时生机鲜活，终究是要憔悴枯死。」

【原文】

問「志於道」一章。

先生曰：「只『志於道』一句，便含下面數句功夫，自住不得。譬如做此屋，志於道是念念要去擇地鳩材，經營成箇區宅。據德卻是經畫已成，有可據矣。依仁卻是常常住在區宅內，更不離去。遊藝卻是加些畫采，美此區宅。藝者，義也，理之所宜者也，如誦詩、讀書、彈琴、習射之類，皆所以調習此心，使之熟於道也。苟不志道而遊藝，卻如無狀小子，不先去置造區宅，只管要去買畫掛做門面，不知將掛在何處？」

【译文】

有人向先生请教《论语》中「志于道」这一章。

先生说：「『志于道』这一句已经包含下面几句话的功夫，不能仅仅停留在志于道上。比如盖房，志于道是去选地挑材，盖成房屋。据于德则是房屋已建成，可以居住了。依于仁是要经常住在这座房里，不再离开。游于艺则是装饰美化房子。艺就是义，是天理的恰当处，如诵诗、读书、弹琴、射箭等，都是为了调节本心，使心能够熟悉道。如果不先志于道就游于艺，那好比一个毛头小伙子，不先盖好房子，只管去买画来装饰门面，不知道要把画挂在哪里？」

【原文】

問：「讀書所以調攝此心，不可缺的。但讀之之時，一種科目意思牽引而來，不知何以免此？」

先生曰：「只要良知真切，雖做舉業，不爲心累；縱有累亦易覺，克

之而已。且如讀書時，良知知得彊記之心不是，卽克去之；有欲速之心不是，卽克去之；有夸多鬬靡之心不是，卽克去之。如此，亦只是終日與聖賢印對，是箇純乎天理之心。任他讀書，亦只是調攝此心而已，何累之有？」

曰：「雖蒙開示，奈資質庸下，實難免累。竊聞窮通有命，上智之人恐不屑此；不肖爲聲利牽纏，甘心爲此，徒自苦耳。欲屏棄之，又制於親，不能舍去。奈何？」

先生曰：「此事歸辭於親者多矣，其實只是無志。志立得時，良知千事萬爲只是一事。讀書作文安能累人？人自累於得失耳。」因歎曰：「此學不明，不知此處擔閣了幾多英雄漢！」

【译文】

有人问：「读书是为了调节我们的本心，是不可或缺的。但读书的时候，科举功名的念头又被牵引出来，不知道该怎样避免？」

先生说：「只要良知真实确切，即使参加科举考试，也不会为心增加牵累；就是有了牵累，也容易察觉克服。比如读书时，良知明白有强记的心不对，就克服它。明白有急于求成的心不对，就克服它；明白有争强好胜的心不好，就克服它。这样，整天只是和圣贤印证，就是一颗纯为天理的心了。不管如何读书，也只是调节本心罢了，有什么牵累？」

问：「虽然承蒙先生开导，怎奈我资质愚钝，实在难以免除牵累。我听说人的困厄和通达都是由命运决定的，天资聪颖的人，恐怕对科举不屑一顾；而我不贤，被名利纠缠，情愿为科举而读书，却又感到痛苦。我想摒弃科举这个念头，又迫于父母的压力不能放弃。该怎么办呢？」

先生说：「把这归咎于父母的人多了，其实还是自己没有志向。志向确立后，任何事在良知的主宰下都是一件。读书写文章，怎么能牵累人呢？是人自己为得失所累呀。」于是先生感慨道：「良知的学说不昌明，不知道在这里耽误了多少英雄好汉！」

【原文】

問：「『生之謂性』，告子亦説得是，孟子如何非之？」

先生曰：「固是性，但告子認得一邊去了，不曉得頭腦。若曉得頭腦，如此説亦是。孟子亦曰『形色天性也』，這也是指氣説。」

又曰：「凡人信口説、任意行，皆説此是依我心性出來，此是所謂生之謂性；然卻要有過差。若曉得頭腦，依吾良知上説出來，行將去，便自是停當。然良知亦只是這口説、這身行，豈能外得氣，別有箇去行去説？故曰：『論性不論氣不備，論氣不論性不明』：氣亦性也，性亦氣也，但須認得頭腦是當。」

【译文】

有人问：「告子说『生之谓性』不错啊，孟子为何要否定他呢？」

先生说：「固然是性，但告子只认识了一个方面，不知道问题的实质。如果他知道了问题的实质，这样说也对。孟子也说『人的身体、容貌是天性』，这也是针对气说的。」

先生又说：「凡是一个人信口开河、任意妄为，都说这都是依照我的心性来做的。这就是所说的生之谓性；这样会有许多错误。如果知道性的实质，依照自己的良知说话做事，自然正确。不过，良知也只是靠我们的口来说、身来行，怎么能撇开气，另外有一个东西去说去做？所以程颐先生说：『论性不论气不备，论气不论性不明』：气就是性，性就是气，但是必须明白实质才行。」

【原文】

又曰：「諸君功夫，最不可助長。上智絶少，學者無超入聖人之理，一起一伏，一進一退，自是功夫節次。不可以我前日用得功夫了，今卻不濟，便要矯彊做出一箇没破綻的模樣。這便是助長，連前些子功夫都壞了。此非小過。譬如行路的人，遭一蹶跌，起來便走，不要欺人做那不曾跌倒的樣子出來。諸君只要常常懷箇『遁世無悶，不見是而無悶』之心，依此良知，忍耐做去，不管人非笑，不管人毁謗，不管人榮辱，任他功夫有進有退，我只是這致良知的主宰不息，久久自然有得力處，一切外事亦自能不動。」

又曰：「人若著實用功，隨人毁謗，隨人欺慢，處處得益，處處是進德之資。若不用功，只是魔也，終被累倒。」

【译文】

先生又说：「你们用功，千万不要拔苗助长。上智的人很少，学者没有直接成为圣人的道理，有起有伏，有进有退，正是做功夫时的正常情况。不能因为我前天下了功夫，今天却不管用了，仍旧勉强装出一副没有漏洞的模样。如果这样做了，就是拔苗助长，连以前的功夫也都破坏了。这可不是小的过错。好比走路的人摔了一跤，爬起来就走，不要装出一副不曾摔跤的样子。大家只要常常保持『遁世无闷，不见是而无闷』的心态，按照良知耐心坚持用功，不管别人的讥笑、诽谤，不管别人的称赞、侮辱，任凭功夫有进有退，我只是坚持致良知的主意不变，时间长了，自然会感到有力，一切外界事物自然不能干扰我。」

先生又说：「人如果踏实用功，随便别人怎样诋毁、诽谤、欺侮、轻慢，处处都能受益，处处都是品德进步的资本。如果不用功，别人的诽谤和欺侮就会像魔鬼一样，最终会被它们累倒。」

【原文】

先生一日出遊禹穴，顧田間禾曰：「能幾何時，又如此長了。」

範兆期在傍曰：「此只是有根。學問能自植根，亦不患無長。」先生曰：「人孰無根？良知卽是天植靈根，自生生不息，但著了私累，把此根戕賊蔽塞，不得發生耳。」

【译文】

先生有一天去禹穴游览参观，环顾田间的禾苗说：「这么短时间就又长这么高了。」在一旁的范兆期说：「这只是因为禾苗有根，做学问如果能自己种下根，就不怕学问不进步了。」先生说：「哪个人没有根？良知就是天生的灵根，本来是生生不息的，只是由于私欲的牵累，灵根被残害、蒙蔽，不能发育生长罢了。」

【原文】

一友常易動氣責人。先生警之曰：「學須反己。若徒責人，只見得人不是，不見自己非；若能反己，方見自己有許多未盡處，奚暇責人？舜能化得象的傲，其機括只是不見象的不是。若舜只要正他的姦惡，就見得象的不是矣。象是傲人，必不肯相下，如何感化得他？」是友感悔。曰：「你今後只不要去論人之是非，凡當責辨人時，就把做一件大己私克去，方可。」






【译文】

一位朋友经常容易生气指责别人。先生警告他说：「学习必须反省自己。如果只是指责别人，就只能看见别人的错误，看不到自己的错误；如果能反省自己，才能发现自己有许多不对的地方，哪有时间去责备别人？舜之所以能感化傲慢的象，关键在于不去挑剔象的错误。如果舜只是要纠正象的奸邪，就会看到象的许多错误。象是个傲慢的人，肯定不会服气，又怎么能感化他呢？」这个朋友又感动又后悔。先生说：「你今后不要只议论别人的是非，当你要指责别人时，就把它当成一个大私欲克服掉，那才行。」

【原文】

先生曰：「凡朋友問難，縱有淺近麤疏，或露才揚己，皆是病發。當因其病而藥之可也，不可便懷鄙薄之心。非君子與人爲善之心矣。」

【译文】

先生说：「凡是朋友间辩论，难免有人显得浅近粗疏，或者想表露才智显示自己，这都是毛病发作。应当因病用药，不能因此怀有轻视朋友的心。轻视朋友就不是君子与人为善的心。」

【原文】

問：「《易》，朱子主卜筮，程《傳》主理，何如？」

先生曰：「卜筮是理，理亦是卜筮。天下之理孰有大於卜筮者乎？只爲後世將卜筮專主在占卦上看了，所以看得卜筮似小藝，不知今之師友問答，博學、審問、慎思、明辨、篤行之類，皆是卜筮。卜筮者，不過求決狐疑，神明吾心而已。《易》是問諸天，人有疑自信不及，故以《易》問天。謂人心尚有所涉，惟天不容僞耳。」

【译文】

有人问：「朱熹先生认为《易经》重在卜筮，程颐先生却认为重在阐明天理。到底如何呢？」

先生说：「卜筮是天理，天理也是卜筮。天下的道理有大过卜筮的吗？只是后世的人把卜筮只看成占卦，因此把卜筮看成是雕虫小技，却不知道今天师友间的问答、博学、审问、慎思、明辨、笃行等，都是卜筮。卜筮不过是决疑解惑，使人心变得神明清灵罢了。《易经》是向天请教，人有疑问而又缺乏自信，就用《易经》向天请教。人心还是有所偏私的，只有天容不得一点虚假。」

## 黄省曾録

【原文】

黄勉之問：「『無適也，無莫也，義之與比』，事事要如此否？」

先生曰：「固是事事要如此，須是識得箇頭腦乃可。義卽是良知，曉得良知是箇頭腦，方無執著。且如受人饋送，也有今日當受的，他日不當受的；也有今日不當受的，他日當受的。你若執著了今日當受的，便一切受去，執著了今日不當受的，便一切不受去，便是適、莫，便不是良知的本體，如何喚得做義？」

【译文】

黄勉之问：「《论语》中说：『无适也，无莫也，义之与比』，难道事事都要这样吗？」

先生说：「当然事事都要这样，只是要明白有一个本质才行。义就是良知，知道良知是本质，才不会执著。就像接受别人的馈送，有今天可以接受而其他时候不能接受的，也有今天不能接受而其他时候可以接受的。你如果执著于今天可以接受，就接受所有的馈赠，或者因为今天不能接受，就拒绝所有的馈赠，这就是适、莫，就不是良知的本体，又怎么能叫做义呢？」

【原文】

問：「『思無邪』一言，如何便蓋得三百篇之義？」

先生曰：「豈特三百篇，《六經》只此一言便可該貫，以至窮古今天下聖賢的話，『思無邪』一言也可該貫。此外更有何説？此是一了百當的功夫。」

【译文】

有人问：「一句『思无邪』，怎么能概括《诗经》三百篇的意思呢？」

先生说：「何止《诗经》三百篇，这一句话也能概括贯通《六经》的内容，以至于从古至今天下圣贤的话都可以用『思无邪』一句话概括贯通。此外还能用别的什么来概括呢？这是个一了百了的功夫。」

【原文】

問道心、人心。

先生曰：「『率性之謂道』便是道心。但著些人的意思在，便是人心。道心本是無聲無臭，故曰『微』。依著人心行去，便有許多不安穩處，故曰『惟危』。」

【译文】

有人请教道心、人心。

先生说：「『率性之谓道』就是道心。但沾染了一些人的世俗念头，就成了人心。道心本来是无声无味，所以说『微』。按照人心去做，就会有许多不稳妥的地方，所以说惟危。」

【原文】

問：「『中人以下不可以語上』，愚的人，與之語上尚且不進，況不與之語，可乎？」

先生曰：「不是聖人終不與語。聖人的心，憂不得人人都做聖人，只是人的資質不同，施教不可躐等。中人以下的人，便與他説性、説命，他也不省得，也須慢慢琢磨他起來。」

【译文】

有人问：「《论语》中说『中人以下不可以语上』，给愚钝的人讲高深的学问，他们都不能进步，何况不给他们讲呢？」

先生说：「不是圣人始终都不给愚钝的人讲，圣人恨不得人人都成圣人，只是由于人的资质不同，教育时不能不因人而宜。中等资质以下的人，即使给他们讲性谈命他们也不会明白，需要慢慢地启发开导他。」

【原文】

一友問：「讀書不記得如何？」

先生曰：「只要曉得，如何要記得？要曉得已是落第二義了，只要

明得自家本體。若徒要記得，便不曉得；若徒要曉得，便明不得自家的本體。」

【译文】

一位朋友问：「读书记不住内容怎么办？」

先生说：「只要理解了就行，为何非要记住才行呢？要理解道理已经落在第二位了，首要的是让自己的心体明澈。如果仅仅是要记住内容，就不能理解道理；如果仅仅是要理解道理，就不能使自己的心体明澈。」

【原文】

問：「『逝者如斯』，是説自家心性活潑潑地否？」

先生曰：「然。須要時時用致良知的功夫，方才活潑潑地，方才與他川水一般；若須臾間斷，便與天地不相似。此是學問極至處，聖人也只如此。」

【译文】

有人问：「孔子说『逝者如斯』，是表明他自己心性本体生动活泼吗？」

先生说：「是的。只是要时时刻刻用致良知的功夫，才能使心性本体活泼生动，才能像河水一样；如果有片刻间断，就与天地的生机不一样了。这是做学问的最高境界，圣人也不过如此。」

【原文】

問「志士仁人」章。

先生曰：「只爲世上人都把生身命子看得來太重，不問當死不當死，定要宛轉委曲保全，以此把天理卻丢去了。忍心害理，何者不爲？若違了天理，便與禽獸無異，便偷生在世上百千年，也不過做了千百年的禽獸。學者要於此等處看得明白。比干、龍逢，只爲他看得分明，所以能成就得他的人。」

【译文】

有人向先生请教《论语》中「志士仁人」一章。

先生说：「因为世人都把生命看得太重，不管该死与否，一定要委曲求全，保全性命，因此把天理都丢了。忍心残害天理，还有什么事做不出呢？如果违背了天理，就和禽兽没有差别，即便在世间苟活千百年，也不过是做了千百年的禽兽。学者要在这些地方看清楚。比干、龙逢，只因为他们看得清楚，所以能成就他们的人。」

【原文】

問：「叔孫武叔毁仲尼，大聖人如何猶不免於毁謗？」

先生曰：「毁謗自外來的，雖聖人如何免得？人只貴於自修，若自

己實實落落是箇聖賢，縱然人都毀他，也説他不著，卻若浮雲掩日，如何損得日的光明？若自己是箇象恭色莊，不堅不介的，縱然没一箇人説他，他的惡慝終須一日發露。所以孟子説『有求全之毁，有不虞之譽』。毁譽在外的，安能避得？只要自修何如爾。」

【译文】

有人问：「《论语》中记载叔孙武叔诽谤孔子，大圣人为何也免不了被人诽谤呢？」

先生说：「诽谤是从外面来的，即使是圣人怎么能避免得了？人贵在自我修养，如果自己确确实实是个圣贤，即使别人都诽谤他，也不能对他有所损害，这好比浮云遮住了太阳，浮云如何能损害太阳的光明呢？如果自己外表恭敬端庄，内心却空虚无德，即便没有一个人诽谤，内心潜藏的恶终有一天会暴露出来。所以孟子说『有求全之毁，有不虞之誉』。诽谤、赞誉来自外面，怎么能避免？只要不断加强自我修养，外来的毁誉算不了什么。」

【原文】

劉君亮要在山中静坐。

先生曰：「汝若以厭外物之心去求之靜，是反養成一箇驕惰之氣了。汝若不厭外物，復於靜處涵養，却好。」



【译文】

刘君亮要去山中静坐修养。

先生说：「你如果用厌弃外物的心去静中探求，反而会养成骄傲懒惰的习气。你如果不厌弃外物，又去静中存养，却是好的。」

【原文】

王汝中、省曾侍坐。

先生握扇命曰：「你們用扇。」

省曾起對曰：「不敢。」

先生曰：「聖人之學，不是這等捆縛苦楚的，不是粧做道學的模樣。」

汝中曰：「觀『仲尼與曾點言志』一章略見。」

先生曰：「然。以此章觀之，聖人何等寬洪包含氣象！且爲師者問志於羣弟子，三子皆整頓以對。至於曾點，飄飄然不看那三子在眼，自去鼓起瑟來，何等狂態！及至言志，又不對師之問目，都是狂言。設在伊川，或斥罵起來了。聖人乃復稱許他，何等氣象！聖人教人，不是箇束縛他通做一般。只如狂者便從狂處成就他，狷者便從狷處成就他。人之才氣如何同得？」

【译文】

王汝中和省曾陪先生坐着。

先生拿着扇说：「你们用扇子吧。」

省曾站起来回答：「不敢。」

先生说：「圣学不是这样让人感到拘束痛苦的，不是要装出道学的样子。」

王汝中说：「从《论语》『仲尼与曾点言志』一章可以看出这一点。」

先生说：「是啊。从这章来看，圣人的心胸是多么恢弘博大呀！老师问学生们的志向，子路、冉有、公西华都神色庄重地认真回答。而曾点却飘飘然不把其他三人放在眼里，独自去弹起瑟来，多狂傲啊！谈到志向时，他又不针对老师的提问回答，满口狂言。假如是程颐先生，可能早就责骂他了。孔子却称赞他，这是何等的气度！圣人教育人，不是把人都约束成一个模样。对狂傲的人就从狂处成就他，对性情梗直的人就在梗直处成就他，人的才能、气质怎么会相同呢？」

【原文】

先生語陸元靜曰：「元靜少年亦要解《五經》，志亦好博。但聖人教人，只怕人不簡易，他說的皆是簡易之規。以今人好博之心觀之，卻似聖人教人差了。」











【译文】

先生对陆元静说：「元静年轻时就想注解《五经》，志在博学。但圣人教育人只怕人不能简易，他讲的都是简易的方法。以现在人喜好博学的心来看，却似乎是圣人教人的方法错了。」

【原文】

先生曰：「孔子無不知而作；顔子有不善，未嘗不知：此是聖學真血脈路。」

【译文】

先生说：「孔子从不无知而妄作，颜子对于过错没有不知道的：这就是圣学的真正脉络。」

【原文】

## 錢德洪録

何廷仁、黄正之、李侯璧、汝中、德洪侍坐，先生顧而言曰：「汝輩學問不得長進，只是未立志。」

侯璧起而對曰：「珙亦願立志。」

先生曰：「難説不立，未是必爲聖人之志耳。」

對曰：「願立必爲聖人之志。」

先生曰：「你真有聖人之志，良知上更無不盡。良知上留得些子別念挂帶，便非必爲聖人之志矣。」

洪初聞時，心若未服，聽説到此，不覺悚汗。

【译文】

何廷仁、黄弘纲、李侯璧、王畿、德洪陪先生坐，先生看着大家说：「你们的学问没有进步，原因就在于没有立志。」

侯璧站起来说：「我愿意立志。」

先生说：「很难说你没有立志。但你立的不是一定要做圣人的志向。」

侯璧回答说：「我愿意立一定要做圣人的志向。」

先生说：「你真有做圣人的志向，在致良知时就不会不尽全力。如果良知上还留有别的私心杂念，就不是一定要做圣人的志向了。」

德洪刚听时心中还不服气，听到这里，不觉浑身是汗。

【原文】

先生曰：「良知是造化的精靈。這些精靈，生天生地，成鬼成帝，皆從此出，真是與物無對。人若復得他完完全全，無少虧欠，自不覺手舞足蹈，不知天地間更有何樂可代。」



【译文】

先生说：「良知是造化的精灵，这些精灵产生了天、地，成就了鬼神、上帝，一切都是从这里产生，任何事物都不能和它相比。人如果能把良知恢复得完全彻底，没有任何欠缺，自然就会不知不觉间高兴地手舞足蹈，不知道天地间还有什么快乐能代替它。」

【原文】

一友静坐有見，馳問先生。

答曰：「吾昔居滁時，見諸生多務知解口耳異同，無益於得，姑教之静坐。一時窺見光景，頗收近效。久之，漸有喜静厭動、流入枯槁之病，或務爲玄解妙覺，動人聽聞。故邇來只説致良知。良知明白，隨你去静處體悟也好，隨你去事上磨煉也好，良知本體原是無動無静的。此便是學問頭腦。我這箇話頭，自滁州到今，亦較過幾番，只是致良知三字無病。醫經折肱，方能察人病理。」

【译文】

一位朋友在静坐中有所领悟，就跑来请教先生。

先生回答说：「从前我在滁州时，看到学生们多注重对口耳间的知识的理解，争辩异同，没有多大的收获，就教他们暂且静坐。他们很快就领悟到了一些东西，短时间内效果很好。时间

长了，逐渐有喜静厌动、沦入枯槁的毛病。有的人只追求那种奇妙的感觉，借此耸人听闻。所以，近来我只讲致良知。良知明白了，不管你在静中体察也好，在事情上磨炼也好，良知的本体原本是不分动静的。这就是做学问的要领。对这个问题，从滁州至现在我也反复思考过，只有致良知三个字没有弊病。这就好比医生要亲身经历过骨折，才能了解骨折的病理。」

【原文】

一友問：「功夫欲得此知時時接續，一切應感處反覺照管不及；若去事上周旋，又覺不見了。如何則可？」

先生曰：「此只認良知未真，尚有內外之間。我這里功夫不由人急心，認得良知頭腦是當，去樸實用功，自會透徹。到此便是內外兩忘，又何心事不合一？」

【译文】

一位朋友问：「下功夫想让良知周行不断，但在应付事物时却又感到照顾不周；如果去事情上周旋，又感觉不到良知了。这该如何是好？」

先生说：「这只是对良知认识不真切，还有内外的区别。我的致良知的功夫不能急于求成，看清良知的本质踏实用功，自然能体察透彻。到这一步就是内外两忘，心和事怎么能不融为一体呢？」

【原文】

又曰：「功夫不是透得這箇真機，如何得他充實光輝？若能透得時，不由你聰明知解接得來。須胸中渣滓渾化，不使有毫髮沾帶始得。」

【译文】

先生又说：「做功夫不能透彻把握良知这个真谛，怎么能使本心充实光明呢？要想透彻领悟，不是靠着你的聪明掌握很多知识就行的。必须融化心中的私欲，使本心没有丝毫的玷污阻碍才行。」

【原文】

先生曰：「『天命之謂性』，命即是性。『率性之謂道』，性即是道。『修道之謂教』，道即是教。」

問：「如何道即是教？」

曰：「道即是良知。良知原是完完全全，是的還他是，非的還他非，是非只依著他，更無有不是處。這良知還是你的明師。」

【译文】

先生说：「『天命之谓性』，命就是性。『率性之谓道』，性就是道。『修道之谓教』，道就是教。」

有人问：「为什么道就是教？」

先生说：「道就是良知。良知原本是完美无缺的，是的就还它个是，非的就还它个非，是非只依据良知来判断，更不会有其他差错。这良知就是你高明的老师。」

【原文】

問：「『不睹不聞』是說本體，『戒慎恐懼』是說功夫否？」

先生曰：「此處須信得本體原是不睹不聞的，亦原是戒慎恐懼的。戒慎恐懼不曾在不睹不聞上加得些子。見得真時，便謂戒慎恐懼是本體，不睹不聞是功夫亦得。」

【译文】

问：「《中庸》中『不睹不闻』说的是本体，『戒慎恐惧』说的是功夫吗？」

先生说：「这里必须坚信本体原来是不睹不闻的，也是戒慎恐惧的。戒慎恐惧没有在不睹不闻上增加一点东西。如果认识得真切了，说戒慎恐惧是本体、不睹不闻是功夫也可以。」

【原文】

問「通乎晝夜之道而知」。

先生曰：「良知原是知晝知夜的。」

又問：「人睡熟時，良知亦不知了。」



曰：「不知何以一叫便應？」

曰：「良知常知，如何有睡熟時？」

曰：「向晦宴息，此亦造化常理。夜來天地混沌，形色俱泯，人亦耳目無所睹聞，衆竅俱翕，此卽良知收斂凝一時。天地既開，庶物露生，人亦耳目有所睹聞，衆竅俱辟，此卽良知妙用發生時。可見人心與天地一體，故上下與天地同流。今人不會宴息，夜來不是昏睡卽是妄思魘寐。」

曰：「睡時功夫如何用？」

先生曰：「知晝卽知夜矣。日間良知是順應無滯的，夜間良知卽是收斂凝一的，有夢卽先兆。」

又曰：「良知在夜氣發的方是本體，以其無物欲之雜也。學者要使事物紛擾之時，常如夜氣一般，就是通乎晝夜之道而知。」

【译文】

有人请教《周易》中的「通乎昼夜之道而知」。

先生说：「良知本来是知道昼与夜的。」

又问：「人熟睡时，良知就什么也不知道了。」

先生说：「不知道怎么会一叫就答应？」

问：「既然良知常知，为什么还有睡熟的时候？」

先生说：「夜晚休息也是自然常理。夜晚天地一片朦胧，事物的形状颜色都消失了，人的眼睛耳朵也没什么可看可听了，器官都停止了活动，这就是良知收敛凝聚时的情形。白天到来，万物复苏，眼睛耳朵也有可看可听的了，所有的器官都开始工作，这就是良知发挥奇妙作用的时刻。由此可见，人心与天地是一个整体，所以孟子说上下与天地同流。现在的人不会休息，到了晚上不是昏睡就是胡思乱想做噩梦。」

问：「睡觉时怎么用功呢？」

先生说：「知道白天如何用功，也就知道夜晚怎么用功。白天良知是畅通无阻的，夜晚良知是收敛凝聚的，有梦就是先兆。」

先生又说：「从夜气中生发的才是良知的本体，因为没有掺杂私欲。学者要在万事纷扰纠缠时，常常像夜气生发时一样，就是通乎昼夜之道而知。」

【原文】

先生曰：「仙家説到虛，聖人豈能虛上加得一毫實？佛氏説到無，聖人豈能無上加得一毫有？但仙家説虛，從養生上來；佛氏説無，從出離生死苦海上來，卻於本體上加卻這些子意思在，便不是他虛無的本色了，便於本體有障礙。聖人只是還他良知的本色，更不著些子意在。良知之虛，便是天之太虛；良知之無，便是太虛之無形。日、月、風、雷、山、川、民、物，凡有貌象形色，皆在太虛無形中發用流行，未嘗作得天的障礙。聖人只是順其良知之發用，天地萬物，俱在我良知的發用流行中，何嘗又有一物超於良知之外，能作得障礙？」

【译文】

先生说：「道家讲究的是虚，圣人怎能在虚上增加一丝实？佛家讲究的是无，圣人怎能在无上增加一丝有？但道家说虚是从养生上来说的，佛家说无是从脱离生死苦海上来说的。佛、道两家在本体上添加这些意思，使虚和无失去了本来面貌，对本体就有妨碍。圣人只是还良知的本来面目，而不添加任何意思。良知的虚就是天的太虚，良知的无就是太虚的无形。日、月、风、雷、山、川、民、物，凡是有相貌、形状、颜色的东西，都是在太虚无形中运动、变化，从未成为天的障碍。圣人只是顺应良知的生发运用，天地万物都在我良知的生发运动之中，哪有什么事物能超然于良知之外，成为良知的障碍呢？」

【原文】

或問：「釋氏亦務養心，然要之不可以治天下，何也？」

先生曰：「吾儒養心，未嘗離卻事物，只順其天則自然就是功夫。釋氏卻要盡絕事物，把心看作幻相，漸入虛寂去了，與世間若無些子交涉，所

以不可治天下。」

【译文】

有人问：「佛家也专注于心的修养，但却是不能用来治理天下，为什么？」

先生说：「我们儒家修养身心从未离开事物，遵从天理法则就是功夫。佛教却要完全抛弃事物，把心看作幻相，逐渐陷入虚无之境，与世间事物似乎毫无关联，所以佛教不能治理天下。」

【原文】

或問「異端」。

先生曰：「與愚夫愚婦同的，是謂同德；與愚夫愚婦異的，是謂異端。」

【译文】

有人问关于「异端」的问题。

先生说：「和愚夫愚妇相同的叫做同德，与愚夫愚妇不同的就叫异端。」

【原文】

先生曰：「孟子不動心，告子不動心，所異只在毫釐間。告子只在不動心上著功，孟子便直從此心原不動處分曉。心之本體原是不動的，只爲所行有不合義，便動了。孟子不論心之動與不動，只是集義，所行無不是







義，此心自然無可動處。若告子只要此心不動，便是把捉此心，將他生生不息之根反阻撓了。此非徒無益，而又害之。孟子集義功夫，自是養得充滿，並無餒歉，自是縱横自在，活潑潑地，此便是浩然之氣。」

又曰：「告子病源，從『性無善無不善』上見來。性無善無不善，雖如此說，亦無大差；但告子執定看了，便有箇無善無不善的性在內。有善有惡，又在物感上看，便有箇物在外。卻做兩邊看了，便會差。無善無不善，性原是如此，悟得及時，只此一句便盡了，更無有内外之間。告子見一箇性在内，見一箇物在外，便見他於性有未透徹處。」

【译文】

先生说：「孟子所说的不动心，告子所说的不动心，差别只在毫厘之间。告子只在不动心上用功，孟子却直接从心的原本不动处用功。心的本体原本是静止不动的，只是因为有不符合义的行为，心才动。孟子不管心的动和不动，只是集义，所行都符合义，心自然不会乱动。而告子只是要心不动，也就是抓住心不放，反而将心生生不息的根阻碍了。这不但没有益处，反而又损害了心。孟子集义的功夫，把心修养得完善充实，心自然生机勃勃，自由自在。这就是浩然正气。」

先生又说：「告子的病根，在于他认为『人性无善无不善』。这种观点虽然没有大错；但

告子在这个问题上太死板，心里就有个无所谓善不善的人性。从对事物的感觉上看，认为人性有善有恶，心外就有个物在。这就把心和物分开了，就会出错。性原本就是无善无不善的，领悟时，只这一句话就行了，再没有内外的区别。告子看见一个性在心内，看见一个物在心外，由此可见，他对性的认识还不彻底。」

【原文】

朱本思問：「人有虚靈，方有良知。若草、木、瓦、石之類，亦有良知否？」

先生曰：「人的良知，就是草木瓦石的良知。若草木瓦石無人的良知，不可以爲草木瓦石矣。豈惟草木瓦石爲然，天地無人的良知，亦不可爲天地矣。蓋天地萬物與人原是一體，其發竅之最精處，是人心一點靈明。風雨露雷、日月星辰、禽獸草木、山川土石，與人原只一體。故五穀禽獸之類，皆可以養人；藥石之類，皆可以療疾。只爲同此一氣，故能相通耳。」

【译文】

朱本思问：「人有清净的灵觉才有良知。像草、木、瓦、石之类的事物，也有良知吗？」

先生说：「人的良知，就是草木瓦石的良知。如果它们没有人的良知，也就不成为草木瓦石了。难道仅仅草木瓦石如此吗？天地如果没有人的良知，也不能成为天地。总之，天地万物和人原本是一个整体，它最精妙的开窍处是人心的一点灵明。风雨露雷、日月星辰、禽兽草木、山川土石，同人原本是一个整体。所以，五谷禽兽等都可以养人，药石等都可以治疗疾病；就是因为万物的气是相同的，都是一气流行，所以能够相通。」

【原文】

先生遊南鎮，一友指巖中花樹問曰：「天下無心外之物，如此花樹，在深山中自開自落，於我心亦何相關？」

先生曰：「你未看此花時，此花與汝心同歸於寂。你來看此花時，則此花顔色一時明白起來。便知此花不在你的心外。」

【译文】

先生游览南镇时，一位朋友指着岩石中的花树问：「先生说心外没有事物，像这花树，在深山中自开自落，和我们的心有什么关系呢？」

先生说：「你没看到此花时，这花同你的心同处于寂静状态。你看到这花时，这花的颜色一下显现出来。由此可知这花并不在你的心外。」

【原文】

問：「大人與物同體，如何《大學》又説箇厚薄？」

先生曰：「惟是道理，自有厚薄。比如身是一體，把手足捍頭目，豈是偏要薄手足？其道理合如此。禽獸與草木同是愛的，把草木去養禽獸，又忍得？人與禽獸同是愛的，宰禽獸以養親，與供祭祀，燕賓客，心又忍得？至親與路人同是愛的，如簞食豆羹，得則生，不得則死，不能兩全，寧救至親，不救路人，心又忍得？這是道理合該如此。乃至吾身與至親，更不得分別彼此厚薄。蓋以仁民愛物，皆從此出，此處可忍，更無所不忍矣。《大學》所謂厚薄，是良知上自然的條理，不可逾越，此便謂之義；順這箇條理，便謂之禮；知此條理，便謂之智；終始是這條理，便謂之信。」

【译文】

有人问：「先生认为大人与事物同是一个整体，为什么《大学》却要分个厚薄呢？」

先生说：「只是因为道理本来就有厚薄的差别。比如，人身是一个整体，用手脚保护头和眼睛，难道是要故意轻视手脚吗？这是理该如此。我们对禽兽和草木同样热爱，又怎忍心用草木喂养禽兽呢？同样爱人和禽兽，又怎忍心宰杀禽兽奉养亲人、祭祀祖先、招待宾客呢？我们对至亲和路人有同样的爱，如果只有一篮饭、一碗汤，得到就能活，得不到就会饿死，这点食物又不能救两个人，我们宁愿去救亲人而不救路人，又怎么忍心呢？这是道理本该如此。至于对自己和亲人，更不会加以区别，厚此薄彼。因为对人的仁和对物的爱都是从亲情中产生的，这里能忍心，那就没有什么不能忍心了。《大学》所说的厚薄，是良知自有的条理，不能超越，这就是义；遵循这个条理，就是礼；明白这个条理就是智；始终坚持这个条理，就是信。」

【原文】

又曰：「目無體，以萬物之色爲體；耳無體，以萬物之聲爲體；鼻無體，以萬物之臭爲體；口無體，以萬物之味爲體；心無體，以天地萬物感應之是非爲體。」

【译文】

先生又说：「眼睛没有本体，以万物的颜色为本体；耳朵没有本体，以万物的声音为本体；鼻子没有本体，以万物的气味为本体；嘴巴没有本体，以万物的味道为本体；心没有本体，以天地万物感应的是非为本体。」

【原文】

問「夭壽不貳」。

先生曰：「學問功夫，於一切聲利嗜好俱能脱落殆盡，尚有一種生死念頭毫發挂帶，便於全體有未融釋處。人於生死念頭，本從生身命根上帶來，故不易去。若於此處見得破，透得過，此心全體方是流行無礙，方是盡

性至命之學。」

【译文】

有人请教「夭寿不贰」。

先生说：「人的学问功夫能摆脱一切名利嗜好，但是，只要还有一丝恋生怕死的念头牵挂，就不能与整个本体全部融合。人的生死念头，原本是从生命的根子上带来的，所以不容易清除。如果在这里能看破识透，整个心体才会畅通无阻，这才是尽性至命的学问。」

【原文】

一友問：「欲於靜坐時，將好名、好色、好貨等根逐一搜尋，掃除廓清，恐是剜肉做瘡否？」

先生正色曰：「這是我醫人的方子，真是去得人病根。更有大本事人，過了十數年，亦還用得著。你如不用，且放起，不要作壞我的方子。」

是友愧謝。

少間曰：「此量非你事，必吾門稍知意思者，爲此說以誤汝。」

在坐者皆悚然。

【译文】

一位朋友问：「我想在静坐时，将好名、好色、好货等病根一一找出来，清除干净，只怕这又是割肉补疮吧？」

先生一脸严肃地说：「这是我治病救人的药方，真能去掉人的病根。本事再大的人，过了十几年也还用得着。你如果不用，就放起来，不要糟蹋了我的药方。」

这位朋友十分惭愧地道歉。

过了一会儿，先生又说：「我猜这也不是你的想法，一定是我那些略知皮毛的学生这样说来误导你。」

在座的人都感到心惊。

【原文】

一友「問功夫不切」。

先生曰：「學問功夫，我已曾一句道盡。如何今日轉說轉遠，都不著根？」

對曰：「致良知蓋聞教矣，然亦須講明。」

先生曰：「既知致良知，又何可講明？良知本是明白，實落用功便是。不肯用功，只在語言上轉說轉糊涂。」

曰：「正求講明致之之功。」

先生曰：「此亦須你自家求，我亦無別法可道。昔有禪師，人來問

法，只把麈尾提起。一日，其徒將其麈尾藏過，試他如何設法。禪師尋麈尾不見，又只空手提起。我這箇良知就是設法的麈尾，舍了這箇，有何可提得？」

少間，又一友請問「功夫切要」。

先生旁顧曰：「我麈尾安在？」

一時在坐者皆躍然。

【译文】

一位朋友问「先生功夫不真切该怎么办」。

先生说：「我已经用一句话把做学问的功夫说完了，为什么现在越说越远，抓不住要领呢？」

这位朋友回答说：「听你讲过致良知，但还需要进一步加以说明。」

先生说：「既然已经知道致良知了，又有什么可说明的？良知本来明明白白，踏实用功就行了。不肯用功，只在语言文句上说来说去，就越说越糊涂。」

朋友说：「我正是想请你讲明致良知的功夫。」

先生说：「这也必须你自己探求，我也没有别的方法可讲。过去有一位禅师，有人来问佛法，他只把拂尘提起来。一天，他的徒弟把他的拂尘藏起来，想看他用什么讲明佛法。禅师找不到拂尘，只好空手做个提拂尘的姿势。我讲的良知就是开导人的拂尘，除了它，还有什么可提呢？」

不一会儿，又有一位朋友请教「做功夫的要领」。

先生往旁边看了看说：「我的拂尘哪儿去了？」

一时间在座的人哄堂大笑。

【原文】

或問「至誠前知」。

先生曰：「誠是實理，只是一箇良知。實理之妙用流行就是神，其萌動處就是幾，誠、神、幾曰聖人。聖人不貴前知，禍福之來，雖聖人有所不免。聖人只是知幾，遇變而通耳。良知無前後，只知得見在的幾，便是一了百了。若有箇前知的心，就是私心，就有趨避利害的意。邵子必於前知，終是利害心未盡處。」

【译文】

有人请教《中庸》中的「至诚前知」。

先生说：「诚是实实在在的道理，只是一个良知。实在道理的奇妙作用就是神，它的萌动处就是几，具备诚、神、几的就是圣人。圣人并不注重预知未来，即使是圣人，有时也难以避免祸福的降临。圣人只是明白事物发展的规律，遇到事变能够随机应变而已。良知不分先后，只要

通晓其规律，就能解决所有的问题。如果存心要「前知」，那么这个心就是私心，就有趋吉避凶的意思。邵雍一定要预知未来，就是没有完全清除趋利避害的私心。」

【原文】

先生曰：「無知無不知，本體原是如此。譬如日未嘗有心照物，而自無物不照。無照無不照，原是日的本體。良知本無知，今卻要有知；本無不知，今卻疑有不知，只是信不及耳！」

【译文】

先生说：「本体原来就是无知无不知的，比如太阳何尝有意去照射万物，但实际上无物不照。无意去照却无所不照，就是太阳的本体。良知原本是无知的，现在却要他有知；良知本来是无不知的，现在却怀疑它有不知，这只是对良知不坚信罢了！」

【原文】

先生曰：「惟天下至聖，爲能聰明睿智，舊看何等玄妙，今看來原是人人自有的。耳原是聰，目原是明，心思原是睿智，聖人只是一能之爾。能處正是良知。衆人不能，只是箇不致知。何等明白簡易！」

【译文】

先生说：「《中庸》说只有天下最圣贤的人才能聪明睿智，过去觉得这多么玄妙高深，现在看原来是人人都有的。耳本来就聪，眼本来就明，心本来就睿智。圣人只是具备了一种才能而已，这才能就是致良知。一般人不聪明睿智，只是由于不能致良知。这是多么简单明白啊！」

【原文】

問：「孔子所謂『遠慮』，周公『夜以繼日』，與『將迎』不同。何如？」

先生曰：「遠慮不是茫茫蕩蕩去思慮，只是要存這天理。天理在人心，亘古亘今，無有終始。天理卽是良知，千思萬慮，只是要致良知。良知愈思愈精明，若不精思，漫然隨事應去，良知便麤了。若只著在事上茫茫蕩蕩去思，教做遠慮，便不免有毀譽、得喪、人欲攙入其中，就是將迎了。周公終夜以思，只是戒慎不睹，恐懼不聞的功夫。見得時，其氣象與將迎自別。」

【译文】

有人问：「孔子所说的『远虑』，周公的『夜以继日』地思考，与『将迎』有什么不同？」

先生说：「远虑不是空空荡荡盲目地思考，只是要存养天理。天理自在人心，横贯古今，无始无终。天理就是良知，千思万虑只是要致良知。良知越想越精确明白，如果不认真思考，漫不经心地随事应付，良知就粗疏了。如果把只在事上空空荡荡去想叫做远虑，便免不了有毁誉、得失、私欲掺杂进来，这就是刻意而为了，就是将迎。周公整夜思索，就是戒慎不睹，恐惧不闻的功夫。明白了这一点，周公的气象与刻意而为自然就有了区别。」

【原文】

問：「『一日克己復禮，天下歸仁』，朱子作效驗説，如何？」

先生曰：「聖賢只是爲己之學，重功夫不重效驗。仁者以萬物爲體，不能一體，只是己私未忘。全得仁體，則天下皆歸於吾。仁就是八荒皆在我闥意，天下皆與，其仁亦在其中。如在邦無怨，在家無怨，亦只是自家不怨，如『不怨天，不尤人』之意。然家邦無怨，於我亦在其中，但所重不在此。」

【译文】

有人问：「朱熹认为《论语》中的『一日克己复礼，天下归仁』，是从效验上说的，到底怎么样呢？」

先生说：「圣贤的学问是为自己的学问，注重功夫不注重效验。有仁爱的人与天地万物是一体，如果不能与万物成为一体，是没有忘掉自己的私欲。如果能恢复仁的整体，那么天下都归到我。仁就是八荒皆在我闼的意思。天下都归于同一个仁，我们的仁自然也包括在其中。如在邦无怨，在家无怨，也只是自己无怨，一如『不怨天，不尤人』的意思。然而，如果在诸侯国、卿大夫家都没有怨恨，我自然也在其中，只是重点不在于这种效验。」

【原文】

問：「孟子『巧、力、聖、智』之説，朱子云：『三子力有餘而巧不足。』何如？」

先生曰：「三子固有力，亦有巧。巧、力實非兩事，巧亦只在用力處，力而不巧，亦是徒力。三子譬如射：一能步箭，一能馬箭，一能遠箭。他射得到，俱謂之力，中處俱可謂之巧。但步不能馬，馬不能遠，各有所長，便是才力分限有不同處；孔子則三者皆長。然孔子之和，只到得柳下惠而極；清，只到得伯夷而極；任，只到得伊尹而極，何曾加得些子？若謂三子力有餘而巧不足，則其力反過孔子了。巧、力只是發明聖、知之義，若識得聖、知本體是何物，便自了然。」

【译文】

有人问：「针对孟子『巧、力、圣、智』的说法，朱熹说：『三子力有余而巧不足。』对吗？」

先生说：「伯夷、伊尹、柳下惠三人当然有力，但也有巧。巧和力并不是两回事，力中也有巧，有力而无巧，只是白费力。可以用射箭来比喻这三个人：一人能步行射箭，一人能骑马射箭，一人能远射。他们能射到靶子跟前，就都是力；能射中靶子，就都是巧。但是能步行射箭的不能在马上射，能骑马射箭的人不能远射。他们三人各有所长，这就是才智禀赋各不相同；孔子则兼有这三人的长处。然而，孔子的和最多只能达到柳下惠的程度；孔子的清最多也只能达到伯夷的程度；孔子的任最多也只能达到伊尹的程度，他又怎么能再增加一些呢？如果

说三子力有余而巧不足，那就是说他们的力反而超过孔子了。巧、力只是阐明圣和智的含义，如果知道圣、智的本体是什么，便自会了然于心。」

【原文】

先生曰：「『先天而天弗違』，天卽良知也；『後天而奉天時』，良知卽天也。」

「良知只是箇是非之心，是非只是箇好惡。只好惡就盡了是非，只是非就盡了萬事萬變。」

又曰：「是非兩字是箇大規矩，巧處則存乎其人。」

「聖人之知如青天之日，賢人如浮雲天日，愚人如陰霾天日。雖有昏明不同，其能辨黑白則一。雖昏黑夜里，亦影影見得黑白，就是日之餘光未盡處。困學功夫，亦只從這點明處精察去耳！」

【译文】

先生说：「『先天而天弗违』，天就是良知；『后天而奉天时』，良知就是天。」

「良知只是个辨别是非的心，是非就是好恶。明白好恶就穷尽了是非，明白是非就穷尽了万物的变化。」

先生又说：「是非这两字是个大的原则，具体运用则因人而异。」



「圣人的良知就像晴空中的太阳，贤人的良知像空中有浮云时的太阳，愚人的良知则是阴云密布时的太阳。虽有昏暗与光明的差异，但在能辨认黑白上是相同的。即使在昏暗的黑夜里，也能隐隐约约看清黑白，就是太阳的余光还没有完全消失。在困境中学习的功夫，也就是从这点光明的地方去精确体察！」

【原文】

問：「知譬日。欲譬雲，雲雖能蔽日，亦是天之一氣合有的，欲亦莫非人心合有否？」

先生曰：「喜、怒、哀、懼、愛、惡、欲，謂之七情。七者俱是人心合有的，但要認得良知明白。比如日光，亦不可指著方所；一隙通明，皆是日光所在。雖雲霧四塞，太虛中色象可辨，亦是日光不滅處。不可以雲能蔽日，教天不要生雲。七情順其自然之流行，皆是良知之用，不可分別善惡，但不可有所著。七情有著，俱謂之欲，俱爲良知之蔽；然才有著時，良知亦自會覺，覺卽蔽去，復其體矣。此處能勘得破，方是簡易透徹功夫。」

【译文】

有人问：「良知就像太阳，私欲好比乌云。乌云虽能遮蔽太阳，也是天气本该有的，私欲莫非也是人心中应该有的吗？」

先生说：「喜、怒、哀、惧、爱、恶、欲，叫做七情，都是人心中本来就有的，只是要把良知认识清楚。比如阳光，也不能只照一个地方；只要有一丝光明，就都是阳光所在。虽然云雾蔽天，只要太虚中还能辨认出形象、颜色，也是阳光没有消失的证明。不能因为乌云会遮蔽太阳，就让天不生乌云；七情的自然流露，都是良知的运用，不能把七情分成善的恶的，但也不可执著。执著于七情就是私欲，都是对良知的蒙蔽；不过，刚刚执著于七情时，良知也自然会发觉，发觉就会去掉蒙蔽，恢复良知的本体。在这个问题上能看得明白，才是简单彻底的功夫。」

【原文】

問：「聖人生知安行，是自然的，如何？有甚功夫？」

先生曰：「知行二字卽是功夫，但有淺深難易之殊耳。良知原是精精明明的，如欲孝親，生知安行的，只是依此良知，實落盡孝而已；學知利行者，只是時時省覺，務要依此良知盡孝而已；至於困知勉行者，蔽錮已深，雖要依此良知去孝，又爲私欲所阻，是以不能，必須加人一己百、人十己千之功，方能依此良知以盡其孝。聖人雖是生知安行，然其心不敢自是，肯做困知勉行的功夫。困知勉行的，卻要思量做生知安行的事，怎生成得？」

【译文】

有人问：「圣人生知安行是天生的，这话对吗？有什么功夫做到这一点呢？」



先生说：「知行两个字就是功夫，但是有深浅难易的差别。良知原本是精纯明洁的，比如想孝敬父母，生知安行的人只是按照良知去尽孝就行；学知利行的人只是时刻反省体察，努力按照良知去尽孝而已；至于困知勉行的人，良知受蒙蔽禁锢太深，即使想按照良知去尽孝，但为私欲阻碍不能尽孝，必须付出比别人百倍、千倍的努力才能做到。圣人虽是生知安行，但他心里也不敢自以为是，而愿意做困知勉行的功夫。可是困知勉行的人却想着去做生知安行的事，这怎么可能呢？」

【原文】

問：「樂是心之本體，不知遇大故於哀哭時，此樂還在否？」

先生曰：「須是大哭一番方樂，不哭便不樂矣。雖哭，此心安處，卽是樂也，本體未嘗有動。」

問：「良知一而已：文王作《彖》，周公系《爻》，孔子贊《易》，何以各自看理不同？」

先生曰：「聖人何能拘得死格？大要出於良知同，便各爲說何害？且如一園竹，只要同此枝節，便是大同；若拘定枝枝節節，都要高下大小一樣，便非造化妙手矣。汝輩只要去培養良知，良知同，更不妨有異處。汝輩若不肯用功，連筍也不曾抽得，何處去論枝節？」

【译文】

有人问：「乐是心的本体，不知遇到父母去世痛哭时，这个乐还在不在呢？」

先生说：「必须大哭一场后才能快乐，不哭就不能快乐。虽然痛哭，但内心得到了安慰，也就是快乐，心的本体并没有变化。」

有人问：「良知只有一个：但周文王作《卦辞》，周公写《爻辞》，孔子称赞《周易》，为何他们各自对《易》理的看法不相同呢？」

先生说：「圣人怎么会拘泥死守教条呢？只要从大的方面看都是出于同一个良知，即使各自的说法不同又有什么害处？例如一园竹子，只要都是同样的枝节，就是根本上相同了；如果一定要拘泥于每根竹子的枝枝节节，都要求它们高低大小一样，那就不是自然造化的奇妙了。你们只要用心培养良知，良知相同，别的方面有差异也无妨。你们如果不用功，就好比连笋也长不出来，到哪里去谈论枝节呢？」

【原文】

鄉人有父子訟獄，請訴於先生。侍者欲阻之，先生聽之，言不終辭，其父子相抱慟哭而去。

柴鳴治入問曰：「先生何言，致伊感悔之速？」

先生說：「我言舜是世間大不孝的子，瞽瞍是世間大慈的父。」

鳴治愕然，請問。

先生曰：「舜常自以爲大不孝，所以能孝；瞽瞍常自以爲大慈，所以不能慈。瞽瞍只記得舜是我提孩長的，今何不曾豫悦我？不知自心已爲後妻所移了，尚謂自家能慈，所以愈不能慈。舜只思父提孩我時如何愛我，今日不愛，只是我不能盡孝，日思所以不能盡孝處，所以愈能孝。及至瞽瞍底豫時，又不過復得此心原慈的本體。所以後世稱舜是箇古今大孝的子，瞽瞍亦做成箇慈父。」

【译文】

乡下有父子俩打官司，请先生裁决。先生的侍从想阻拦他们，先生却听他们诉说，尔后劝解的话还没说完，父子俩就抱头痛哭而去。

柴鸣治进来问：「先生讲了什么，使他们这么快就感动觉悟了？」

先生说：「我说舜是世间最不孝的儿子，瞽瞍是世间最慈爱的父亲。」

柴鸣治很惊诧，请教这样说的道理。

先生说：「舜常常认为自己最不孝，所以他才能尽孝；瞽瞍常常以为自己最慈爱，所以他才不慈爱。瞽瞍只记得舜是我从小养大的，现在为什么不让我愉悦呢？他不知道自己的心已被后妻改变，还认为自己对舜很慈爱，所以他越发不能慈爱舜。舜只想着我小时候父亲如何如

何爱我，现在不爱我，只是因为我不能尽孝，每天想着自己不能尽孝的地方，所以就更孝顺。等到瞽瞍高兴的时候，只不过是恢复了他心中原有的慈爱。因此，后世称赞舜是古往今来最孝顺的儿子，瞽瞍也就成了慈父。」

【原文】

先生曰：「孔子有鄙夫來問，未嘗先有知識以應之，其心只空空而已；但叩他自知的是非兩端，與之一剖決，鄙夫之心便已了然。鄙夫自知的是非，便是他本來天則，雖聖人聰明，如何可與增減得一毫？他只不能自信，夫子與之一剖決，便已竭盡無餘了。若夫子與鄙夫言時，留得些子知識在，便是不能竭他的良知，道體即有二了。」

【译文】

先生说：「有农夫来向孔子请教，孔子并没有现成的知识来回答他，心里也是空空的；孔子只是询问农夫自己知道的是是非非，从是非的两个方面帮他一分析，农夫就明白了。农夫自己知道的是非，是他内心深处本来就有的原则，圣人虽然聪明睿智，又怎么能增减一丝一毫呢？农夫只是不自信，孔子给他一分析，是非曲直就十分清楚了。如果孔子跟农夫讲的时候，给他灌输一些知识，就不能使他的良知完全开悟，反而把他为善的本体即良知分成两个了。」

【原文】

先生曰：「『烝烝乂，不格姦』，本注説象已進進於義，不至大爲姦惡。舜徵庸後，象猶日以殺舜爲事，何大姦惡如之！舜只是自進於乂，以乂薰烝，不去正他姦惡。凡文過掩慝，此是惡人常態，若要指摘他是非，反去激他惡性。舜初時致得象要殺己，亦是要象好的心太急，此就是舜之過處。經過來，乃知功夫只在自己，不去責人，所以致得克諧。此是舜動心忍性，增益不能處。古人言語，俱是自家經歷過來，所以説得親切，遺之後世，曲當人情。若非自家經過，如何得他許多苦心處？」

【译文】

先生说：「《尚书》中的『烝烝乂，不格奸』，孔安国的注释认为，象已上进到接近义了，不至于去做大奸大恶的事。舜被尧征召做官后，象还每天想着要杀舜，什么样的大奸大恶能跟这比呢！舜只是自觉地采用安抚的方法来熏陶感化象，而不是直接去纠正他的奸恶。文过饰非，掩盖罪恶，这是恶人的习惯做法。如果去指摘他的错误，反而会刺激他的恶性。舜当初使得象要杀自己，也是要象改邪归正的心太急，这是舜自己的过失。有了这个教训，舜才知道功夫只在自己，而不是去责备他人，所以才能与象和平相处。这就是舜能够转变观念、坚韧性格、提高能力的体现。古人的话，都是自己亲身经历的总结，所以才说得十分贴切，流传到后世，经过变通仍

能合乎人情事故。如果自己不亲身经历，怎么能体会得了他们的许多苦心呢？」

【原文】

先生曰：「古樂不作久矣。今之戲子，尚與古樂意思相近。」

未達，請問。

先生曰：「《韶》之九成，便是舜的一本戲子；《武》之九變，便是武王的一本戲子。聖人一生實事，俱播在樂中。所以有德者聞之，便知他盡善盡美，與盡美未盡善處。若後世作樂，只是做些詞調，於民俗風化絶無關涉，何以化民善俗？今要民俗反樸還淳，取今之戲子，將妖淫詞調俱去了，只取忠臣孝子故事，使愚俗百姓人人易曉，無意中感激他良知起來，卻於風化有益。然後古樂漸次可復矣。」

曰：「洪要求元聲不可得，恐於古樂亦難復。」

先生曰：「你說元聲在何處求？」

對曰：「古人制管候氣，恐是求元聲之法。」

先生曰：「若要去葭灰黍粒中求元聲，卻如水底撈月，如何可得？元聲只在你心上求。」

曰：「心如何求？」

先生曰：「古人爲治，先養得人心和平，然後作樂。比如在此歌詩，你的心氣和平，聽者自然悦懌興起，只此便是元聲之始。《書》云『詩言志』，志便是樂的本；『歌永言』，歌便是作樂的本；『聲依永，律和聲』，律只要和聲，和聲便是制律的本，何嘗求之於外？」

曰：「古人制候氣法，是意何取？」

先生曰：「古人具中和之體以作樂。我的中和，原與天地之氣相應。候天地之氣，協鳳凰之音，不過去驗我的氣果和否。此是成律已後事，非必待此以成律也。今要候灰管，先須定至日，然至日子時，恐又不準，又何處取得準來？」

【译文】

先生说：「古乐不流行已经很久了，现在的戏曲与古乐还有些接近。」

德洪不明白，向先生请教。

先生说：「《韶》乐九章就是舜的戏曲，《武》乐九变就是武王的戏曲。圣人一生的事迹，都蕴涵在音乐中。所以，德行高尚的人听了，就能知道其中尽善尽美与尽美不尽善的地方。后世制作乐曲，只是作一些俗词滥调，与民风教化一点也没有关系，怎么能用来教化人民改良风俗呢？现在要想使民风返璞归真，将戏曲中的淫词滥调都删掉，只保留忠臣孝子的故事，使愚昧

的百姓人人都能明白，在潜移默化中激发他们的良知，这对风俗教化十分有益。然后古乐就可以逐渐恢复了。」

德洪说：「我要寻找元声都找不到，恐怕古乐也是很难恢复的。」

先生说：「你说元声在哪里找？」

德洪说：「古人制造律管来测定节气，可能就是寻找元声的方法。」

先生说：「如果要在草灰黍粒中找元声，那就像水底捞月一样，怎么能找到？元声只能在你心里去找。」

德洪说：「在心里如何找？」

先生说：「古人治理天下，先把人心培养得平和，然后制作音乐。比如在这里唱歌咏诗，你的心气平和了，听的人自然能感到愉悦兴奋，这就是元声开始的地方。《尚书》说『诗言志』，志就是乐的根本；『歌永言』，歌就是制作音乐的根本；『声依永，律和声』，音律要求声音和谐，这是制律的根本，何曾到心外去探求呢？」

德洪说：「古人制作律管测定节气的根据是什么？」

先生说：「古人具备了中正平和的心体才制作音乐。我们的中正平和本来与天地之气是相感应的。测定天地之气、协调凤凰鸣叫的声音，不过是为了验证我们的心气是否中正平和。候天地之气、协凤凰之音是制成音律之后的事情，而不是要根据这来制作音律。现在要用律管测气，必须先确定冬至的日子，但是到了冬至的子时，又恐怕不准确，那么，又去哪里找标准呢？」



【原文】

先生曰：「學問也要點化，但不如自家解化者，自一了百當。不然，亦點化許多不得。」

【译文】

先生说：「做学问需要别人指点开导，但不如自己领悟理解，自己领悟理解就会一通百通。如果自己不能领悟理解，光靠别人指点开导，终究也掌握不了多少。」

【原文】

「孔子氣魄極大，凡帝王事業，無不一一理會，也只從那心上來。譬如大樹，有多少枝葉，也只是根本上用得培養功夫，故自然能如此，非是從枝葉上用功做得根本也。學者學孔子，不在心上用功，汲汲然去學那氣魄，卻倒做了。」

【译文】

先生说：「孔子的气魄很大，凡是帝王的事业他都能一一领悟，这也只是从他的本心来的。比如一棵大树，不管有多少枝叶，也只是在树根上去用功培养，所以它自然能枝叶繁茂，而不是从枝叶上用功去培养树根。学者学习孔子，不在心上用功，却念念不忘去学孔子的气魄，这是把

功夫做颠倒了。」

【原文】

「人有過，多於過上用功，就是補甑，其流必歸於文過。」

【译文】

先生说：「人有过错，如果多在过错上下功夫，就像修补打破的瓦罐，到后来必然导致文过饰非的弊病。」

【原文】

「今人於吃飯時，雖無一事在前，其心常役役不寧。只緣此心忙慣了，所以收攝不住。」

【译文】

先生说：「现在的人吃饭时，即使没有一件事来打扰，心里也常常乱七八糟的。这是因为心忙惯了，所以收不住。」

【原文】

「琴瑟簡編，學者不可無；蓋有業以居之，心就不放。」

【译文】

先生说：「琴瑟和书籍，学者不能没有；因为有了这些正当的事情，心就不会放纵堕





落。」

【原文】

先生歎曰：「世間知學的人，只有這些病痛打不破，就不是善與人同。」

崇一曰：「這病痛只是個好高不能忘己爾。」

【译文】

先生感叹道：「世上懂得学习的人，只要这些毛病改不掉，就不是善与人同。」

崇一说：「这毛病也就是好高骛远、不能忘掉自己罢了。」

【原文】

問：「良知原是中和的，如何卻有過、不及？」

先生曰：「知得過、不及處，就是中和。」

【译文】

有人问：「良知原本是中正平和的，怎么会有过分和不足的情况呢？」

先生说：「知道了过分和不足之处，就是中正平和。」

【原文】

「所惡於上是良知；毋以使下，即是致知。」

【译文】

先生说："所恶于上是良知；毋以使下，就是致良知。"

【原文】

先生曰："蘇秦、張儀之智也，是聖人之資。後世事業文章，許多豪杰名家，只是學得儀、秦故智。儀、秦學術善揣摸人情，無一些不中肯綮，故其説不能窮。儀、秦亦是窺見得良知妙用處，但用之於不善爾。"

【译文】

先生说："苏秦、张仪的才智，也是圣人的资质。后世的许多事业文章，许多的豪杰名士，只是学到了苏秦、张仪才智的皮毛。苏秦、张仪的学问擅长揣摸人心，没有一点不击中人的要害，所以他们的学说不能穷尽。张仪和苏秦也是看到了良知的妙用，只是把它用在不好的方面罢了。"

【原文】

或問"未發已發"。

先生曰："只緣後儒將未發、已發分説了，只得劈頭説箇無未發、已發，使人自思得之。若説有箇已發未發，聽者依舊落在後儒見解。若真見得無未發已發原不妨，説箇有未發已發，原有箇未發已發在。"

問曰："未發未嘗不和，已發未嘗不中。譬如鐘聲，未扣不可謂無，既扣不可謂有，畢竟有箇扣與不扣，何如？"

先生曰："未扣時原是驚天動地，既扣時也只是寂天寞地。"

【译文】

有人请教"未发已发"。

先生说："只因为后世的儒生把未发已发分成两个来说了，我只能一开始就说没有未发已发，让人自己思考体悟。如果说存在已发未发，听的人仍然不能摆脱后儒的错误见解。如果真正认识到没有未发已发，即使说有未发已发也不妨事，原本就有未发已发存在。"

有人问："未发未尝不平和，已发未尝不中正。好比钟声，不敲不能说无，敲响了也不能说有，但毕竟有敲和不敲的区别，是不是这样？"

先生说："不敲时钟声本来是惊天动地的，敲了以后也只是寂寞无声。"

【原文】

問："古人論性，各有異同，何者乃爲定論？"

先生曰："性無定體。論亦無定體，有自本體上説者，有自發用上説者，有自源頭上説者，有自流弊處説者。總而言之，只是一箇性。但所見有淺深爾，若執定一邊，便不是了。性之本體原是無善無惡的，發用上也

原是可以爲善、可以爲不善的，其流弊也原是一定善、一定惡的。譬如眼，有喜時的眼，有怒時的眼，直視就是看的眼，微視就是覷的眼，總而言之，只是這箇眼。若見得怒時眼，就説未嘗有喜的眼；見得看時眼，就説未嘗有覷的眼，皆是執定，就知是錯。孟子説性，直從源頭上説來，亦是説箇大概如此。荀子性惡之説，是從流弊上説來，也未可盡説他不是，只是見得未精耳。衆人則失了心之本體。」

問：「孟子從源頭上説性，要人用功在源頭上明徹；荀子從流弊説性，功夫只在末流上救正，便費力了。」

先生曰：「然。」

【译文】

有人问：「古人谈论人性时，说法各有不同，谁的说法可以作为定论呢？」

先生说：「人性没有固定的体，关于人性的论述也没有固定的体。有人从本体上说，有人从应用上说，有人从源头上说，有人从它的弊端上说。总的来说，也还只是这个性。但他们的见解有深浅的差别，如果执著于一家的论述，便有失偏颇了。性的本体原本没有善恶，其作用可以是善的，也可以是恶的；性的流弊也是有一定的善、一定的恶。比如眼睛，有高兴时的眼睛，有愤怒时的眼睛，直视时就是正面看的眼睛，偷看时就是窥视的眼睛，总之还是这个眼睛。如果看到发怒时的眼睛，就说没有高兴时的眼睛；看到正面看时的眼睛，就说没有偷看的眼睛。这都是执著的表现，是错误的。孟子谈论性，是从源头上讲的，也只是说大概这样。荀子的性恶说是从流弊方面说的，也不能说他完全不对，只是认识得不精确罢了。但普通人却失去了心的本体。」

有人问：「孟子从源头上讨论性，要人用功使人性从源头上清明澄澈；荀子从流弊上讨论性，叫人只在末流上用功纠偏，这就费劲了。」

先生说：「对。」

【原文】

先生曰：「用功到精處，愈著不得言語，説理愈難。若著意在精微上，全體功夫反蔽泥了。」

「楊慈湖不爲無見，又著在無聲無臭上見了。」

【译文】

先生说：「用功到了精妙的地方，越是无法用语言表达，说理就越难。如果执著于精妙的地方，全体的功夫反而被遮蔽了。」

「杨简不是没有见识，他只是执著于在无声无味的状态中认识。」

【原文】

「人一日間，古今世界都經過一番，只是人不見耳。夜氣清明時，無視

無聽，無思無作，淡然平懷，就是羲皇世界。平旦時，神清氣朗，雍雍穆穆，就是堯舜世界。日中以前，禮儀交會，氣象秩然，就是三代世界。日中以後，神氣漸昏，往來雜擾，就是春秋、戰國世界。漸漸昏夜，萬物寢息，景象寂寥，就是人消物盡世界。學者信得良知過，不爲氣所亂，便常做箇羲皇已上人。」

【译文】

先生说：「人在一天之间，可以把古今世界都经历一遍，只是人们没有意识到罢了。在夜气清爽明朗时，人不看不听，不想不做，恬然宁静，这就是伏羲时代。清晨时，人神清气爽，和谐安详，这就是尧舜时代。中午以前，人们礼貌来往，秩序井然，这就是夏商周时代。中午以后，人的精神逐渐倦怠，往来喧扰，这就是春秋、战国时代。天渐渐黑了，万物休眠，景象空旷，是人和事物都消失的世界。学者如果能坚信良知，不被气的变化所干扰，就能经常做伏羲时代以前的人。」

【原文】

薛尚謙、鄒謙之、馬子莘、王汝止侍坐，因歎先生自徵寧藩已來，天下謗議益衆，請各言其故。有言先生功業勢位日隆，天下忌之者日衆；有言先生之學日明，故爲宋儒爭是非者亦日博；有言先生自南都以後，同志信從者日衆，而四方排阻者日益力。

先生曰：「諸君之言，信皆有之。但吾一段自知處，諸君俱未道及耳。」

諸友請問。

先生曰：「我在南都以前，尚有些子鄉願的意思在。我今信得這良知真是真非，信手行去，更不著些覆藏。我今才做得個狂者的胸次，使天下之人都說我行不掩言也罷。」

尚謙出曰：「信得此過，方是聖人的真血脈。」

【译文】

薛尚谦、邹谦之、马子莘、王汝止陪先生坐着，于是大家感慨先生自从平定宁王叛乱以来，天下诽谤攻击先生的人越来越多，先生就让大家各自谈谈原因。有人说，先生的功劳业绩权势地位日益显赫，天下嫉妒的人就一天比一天多；有人说，先生的学说日益昌明于天下，所以替宋儒争辩的人就一天比一天多；有人说，先生自从南京讲学后，同志和信仰追随者越来越多，因此四方排挤阻挠的人就越来越起劲。

先生说：「你们所说的原因，我相信都有。但我有一点感受，你们都没有说到。」

大家向先生请教。

先生说：「在南京讲学以前，我还有一些当老好人的想法。现在我坚信良知的真是真非，只管去说去做，再也不用掩饰。所以我今天才有敢说敢为的心胸，即使天下人都说我做的没有说的多，也没有关系。」

尚谦站起来说：「有这样的信念，才是圣人的真正血脉。」

【原文】

先生鍛鍊人處，一言之下，感人最深。

一日，王汝止出遊歸，先生問曰：「遊何見？」

對曰：「見滿街人都是聖人。」

先生曰：「你看滿街人是聖人，滿街人到看你是聖人在。」

又一日，董蘿石出遊而歸，見先生曰：「今日見一異事。」

先生曰：「何異？」

對曰：「見滿街人都是聖人。」

先生曰：「此亦常事耳，何足爲異！」

蓋汝止圭角未融，蘿石恍見有悟，故問同答異，皆反其言而進之。

洪與黄正之、張叔謙、汝中丙戌會試歸，爲先生道途中講學，有信有不信。



先生曰：「你們拿一箇聖人去與人講學，人見聖人來，都怕走了，如何講得行？須做得箇愚夫愚婦，方可與人講學。」

洪又言：「今日要見人品高下最易。」

先生曰：「何以見之？」

對曰：「先生譬如泰山在前，有不知仰者，須是無目人。」

先生曰：「泰山不如平地大，平地有何可見？」

先生一言剪裁，剖破終年爲外好高之病，在座者莫不悚懼。

【译文】

先生点化人，一句话就能使人感受很深。

一天，王汝止出游归来，先生问他：「出去看到了什么？」

他回答：「我看到满街都是圣人。」

先生说：「你看满街都是圣人，街上的人看你也是个圣人。」

又一天，董萝石外出回来，见到先生说：「今天发现一个奇怪的事。」

先生说：「什么怪事？」

董萝石回答说：「我看见满街都是圣人。」

先生说：「这是很平常的事嘛，何足为怪！」

大概因为王汝止为人棱角分明，董萝石恍然有所领悟，所以问题虽然相同，而先生的回答却不同，都是针对他们的话来开导他们。

德洪、黄正之、张叔谦、王汝中丙戌年（一五二六年）参加会试回来，途中讲授先生的学说，有人信，有人不信。

先生说：「你们端着一个圣人的架子给别人讲学，人们看到圣人来了，都吓跑了，怎么能讲好呢？必须先做个愚笨的人，才能给别人讲学。」

德洪又说：「现在要鉴别人品的高下最容易。」

先生说：「何以见得？」

回答说：「先生好比眼前的泰山，那些不知道敬仰的，一定是不长眼的人。」

先生说：「泰山不像平地那样辽阔，站在辽阔的平地上怎么能看到泰山呢？」

先生一句话，点明了我们常年好高骛远的毛病，在座的人都感到心惊。

【原文】

癸未春，鄒謙之來越問學，居數日，先生送别於浮峰。是夕，與希淵諸友移舟宿延壽寺，秉燭夜坐，先生慨悵不已，曰：「江濤烟柳，故人倏在百里外矣！」

一友問曰：「先生何念謙之之深也？」

先生曰：「曾子所謂以能問於不能，以多問於寡，有若無，實若虛，犯而不校，若謙之者，良近之矣！」

【译文】

嘉靖二年（一五二三年）春天，邹谦之来浙江绍兴向先生请教，住了几天，走的时候先生送到浮峰。当天晚上，先生和希渊等人乘船到延寿寺过夜，大家秉烛夜谈，先生感叹不已，说：「江水滔滔，烟柳蒙蒙，朋友瞬间已到百里之外了！」

一位朋友问：「先生为何对谦之这样挂念呢？」

先生说：「以能问于不能，以多问于寡，有若无，实若虚，犯而不校，曾子所说的这种人，谦之非常接近呀！」

【原文】

丁亥年九月，先生起復，征思、田。將命行時，德洪與汝中論學，汝中舉先生教言曰：「無善無惡是心之體，有善有惡是意之動，知善知惡是良知，爲善去惡是格物。」

德洪曰：「此意如何？」

汝中曰：「此恐未是究竟話頭。若説心體是無善無惡，意亦是無善無惡的意，知亦是無善無惡的知，物是無善無惡的物矣。若説意有善惡，

畢竟心體還有善惡在。」

德洪曰：「心體是天命之性，原是無善無惡的。但人有習心，意念上見有善惡在，格、致、誠、正、修此正是復那性體功夫。若原無善惡，功夫亦不消説矣。」

是夕侍坐天泉橋，各舉，請正。

先生曰：「我今將行，正要你們來講破此意。二君之見，正好相資爲用，不可各執一邊。我這里接人原有此二種：利根之人，直從本原上悟入。人心本體原是明瑩無滯的，原是箇未發之中。利根之人一悟本體，即是功夫，人己内外，一齊俱透了。其次不免有習心在，本體受蔽，故且教在意念上實落爲善去惡。功夫熟後，渣滓去得盡時，本體亦明盡了。汝中之見，是我這里接利根人的；德洪之見，是我這里爲其次立法的。二君相取爲用，則中人上下皆可引入於道。若各執一邊，眼前便有失人，便於道體各有未盡。」

既而曰：「已後與朋友講學，切不可失了我的宗旨：無善無惡是心之體，有善有惡是意之動，知善知惡是良知，爲善去惡是格物。只依我這話頭隨人指點，自没病痛，此原是徹上徹下功夫。利根之人，世亦難遇，本體功夫一悟盡透，此顔子、明道所不敢承當，豈可輕易望人？人有習心，不教他在良知上實用爲善去惡功夫，只去懸空想箇本體，一切事爲俱不著實，不過養成一箇虚寂。此箇病痛不是小小，不可不早説破。」

是日德洪、汝中俱有省。

【译文】

嘉靖六年（一五二七年）九月，先生为父亲守孝期满，奉命讨伐思恩、田州。出征前，德洪同王汝中讨论学问，汝中引用先生教诲的话说：「无善无恶是心的本体，有善有恶是意的发动，知善知恶是良知，为善去恶是格物。」

德洪说：「你觉得先生这话怎么样？」

汝中说：「这话可能说得还不透彻。如果说心的本体是无善无恶，那么意也是无善无恶，知也是无善无恶，物也是无善无恶。如果说意有善恶之分，那么，心的本体就还有善恶存在了。」

德洪说：「心的本体是天生的性，原本是没有善恶的。但人心受到世俗陋习的污染，意念上就有善恶存在，格物、致知、诚心、正意、修身，这些都是恢复天性本体的功夫。如果说意念原本没有善恶，那就谈不上功夫了。」

当天晚上，德洪和汝中与先生一起坐在天泉桥上，各自阐述了自己的观点，请先生指正。

先生说：「我就要出征了，正要给你们说清这个意思。你们两人的见解，正好可以互相补

充，不能各执一端。我开导人的方法有两种：天性聪明有慧根的人，直接从本原上体悟入门。人心本体原是晶莹透彻，原本是一个未发之中，聪慧的人一下就领悟了本体，这就是功夫，人与己、内与外一齐都悟透了。资质稍差的人，心不免会受到世俗陋习的沾染，本体受到蒙蔽，暂且教他们在意念上踏实行善去恶。功夫纯熟后，渣滓完全被清除时，本体也就明亮干净了。汝中的见解，是我开导聪明人的方法；德洪的观点，是我开导资质稍差的人的方法。你们俩的观点互相补充运用，资质在中等上下的人都可被引入正道。如果各自固执己见，眼前便会有许多人不能走上正道，就都不能穷尽天道的本体。」

先生接着又说：「你们以后跟朋友讲学，千万不可丢掉了我的宗旨：无善无恶是心的本体，有善有恶是意的发动，知善知恶是良知，为善去恶是格物。只要按照我这话因人而宜去指点人，自然不会有什么毛病，这本来是贯通上下的功夫。天资极高的人，世上很难遇到，能将本体功夫一下子悟透，这是连颜回、明道先生也不敢自认的，怎么能轻易对人寄予这样的期望呢？人心往往受到世俗陋习的沾染，不教他在良知上切实下行善去恶的功夫，只去凭空想那个本体，对任何事情都不踏实应对，这不过是养成一个贪求虚寂的毛病。这可不是个小毛病，不能不早给你们讲清楚。」

这天，德洪和王汝中都有省悟。

【原文】

錢德洪附記

先生初歸越時，朋友踪跡尚寥落，既後四方來遊者日進。癸未年已後，環先生而居者比屋，如天妃、光相諸刹，每當一室，常合食者數十人；夜無卧處，更相就席；歌聲徹昏旦。南鎮、禹穴、陽明洞諸山遠近寺刹，徙足所到，無非同志遊寓所在。先生每臨講座，前後左右環坐而聽者，常不下數百人，送往迎來，月無虚日。至有在侍更歲，不能偏記其姓名者。每臨别，先生常歎曰：「君等雖别，不出在天地間，苟同此志，吾亦可以忘形似矣！」諸生每聽講出門，未嘗不跳躍稱快。嘗聞之同門先輩曰：「南都以前，朋友從遊者雖衆，未有如在越之盛者。」此雖講學日久，信孚漸博，要亦先生之學日進，感召之機申變無方，亦自有不同也。

【译文】

先生刚回绍兴时，朋友们前来拜访请教的还寥寥无几。后来各地来讨论学问、拜见先生的人一天天多起来。嘉靖二年（一五二三年）以后，住在先生四周的学生比比皆是，比如天妃、光相等庙，每间屋里经常是几十个人一起吃饭；晚上无处睡觉，大家就轮流睡；歌声通宵达旦。南镇、禹穴、阳明洞等山中远近寺庙，凡是步行能到的，都是同志们寄宿的地方。先生每次讲学，

前后左右四周围坐的人，常常不下几百人，一月当中每天都要迎来送往。甚至有的人听讲了一年多，先生还不能完全记住他们的名字。每到分别时，先生常常感叹说：「你们虽然离去了，但也还在天地之间，只要我们有共同的志向，我记不住你们的容貌也无妨！」学生每次听完出门时，没有不欢呼雀跃的。我曾听同门的师兄说：「南京讲学之前，向先生求教的朋友虽然很多，但远不如先生在绍兴时。」这虽然是先生讲学的时间长了，获得的信仰更多了，但更重要的是先生的学说日益精进、成熟，感化学生的时机和方法运用自如，其效果自然也不同了。

## 黄以方録

【原文】

黄以方問：「博學於文，爲隨事學存此天理，然則謂行有餘力，則以學文，其説似不相合。」

先生曰：「《詩》、《書》六藝皆是天理之發見，文字都包在其中。考之《詩》、《書》六藝，皆所以學存此天理也，不特發見於事爲者方爲文耳。餘力學文亦只博學於文中事。」

【译文】

黄以方问：「先生认为博学于文，是要在所遇的事情上学习存养天理，但孔子却说行有馀力，则以学文，这两种说法似乎不一致。」

先生说：「《诗》、《书》等《六经》都是天理的显现，文字都包括在其中了。考证《诗》、《书》等《六经》，都是为了学习存养天理，不只是表现在具体事情上的才是文。孔子说的馀力学文，也是博学于文的事情。」

【原文】

或問「學而不思」二句。

曰：「此亦有爲而言，其實思卽學也，學有所疑，便須思之。思而不學者，蓋有此等人只懸空去思，要想出一箇道理，卻不在身心上實用其力，以學存此天理。思與學作兩事做，故有罔與殆之病。其實思只是思其所學，原非兩事也。」

【译文】

有人问《论语》中「学而不思则罔，思而不学则殆」的意思。

先生说：「孔子的这两句话是有所指的，其实思考就是学习，学习时有疑问就需要思考。思而不学的人也有，他们只是凭空去思考，要想出一个道理，却不在身心上踏实用功，以学习存养天理。把思考和学习分成两件事去做，所以才有罔和殆的弊病。其实思考只是思考所学习的内容，原本不是两件事。」

【原文】

先生曰：「先儒解格物爲格天下之物，天下之物如何格得？且謂一草一木亦皆有理，今如何去格？縱格得草木來，如何反來誠得自家意？我解格作正字義，物作事字義，《大學》之所謂身，卽耳、目、口、鼻、四肢是也。欲修身，便是要目非禮勿視，耳非禮勿聽，口非禮勿言，四肢非禮勿動。要修這箇身，身上如何用得工夫？心者身之主宰，目雖視而所以視者心也，耳雖聽而所以聽者心也，口與四肢雖言、動，而所以言、動者心也。故欲修身，在於體當自家心體，常令廓然大公，無有些子不正處。主宰一正，則發竅於目自無非禮之視，發竅於耳自無非禮之聽，發竅於口與四肢自無非禮之言、動，此便是修身在正其心。

「然至善者心之本體也，心之本體那有不善？如今要正心，本體上何處用得功？必就心之發動處才可著力也。心之發動不能無不善，故須就此處著力，便是在誠意。如一念發在好善上，便實實落落去好善；一念發在惡惡上，便實實落落去惡惡。意之所發，既無不誠，則其本體如何有不正的？故欲正其心在誠意，功夫到，誠意始有著落處。

「然誠意之本，又在於致知也。所謂人雖不知，而己所獨知者，此正是吾心良知處。然知得善，卻不依這箇良知便做去；知得不善，卻不依這箇良知便不去做，則這箇良知便遮蔽了，是不能致知也。吾心良知既不得擴充到底，則善雖知好，不能著實好了；惡雖知惡，不能著實惡了，如何得意誠？故致知者，意誠之本也。

「然亦不是懸空的致知，致知在實事上格。如意在於爲善，便就這件事上去爲；意在於去惡，便就這件事上去不爲。去惡固是格不正以歸於正，爲善則不善正了，亦是格不正以歸於正也。如此，則吾心良知無私欲蔽了，得以致其極，而意之所發，好善去惡，無有不誠矣。誠意工夫，實下手處在格物也。若如此格物，人人便做得，『人皆可以爲堯、舜』，正在此也。」

【译文】

先生说：「程颐先生解释格物为格天下的事物，天下事物怎么去格呢？例如说一草一木亦皆有理，现在怎样去格呢？即便能格出草木的道理，又怎么反过来诚我本身的意呢？我把格字作正解释，物作事字解释。《大学》中所说的身，就是耳、口、鼻、四肢，修身就是要眼睛非礼勿视，耳朵非礼勿听，嘴巴非礼勿言，四肢非礼勿动。要修身养性，怎么在身上用功呢？心是身的主宰，眼虽然能看，但让眼看的是心；耳虽然能听，但让耳听的是心；口和四肢可以说、可以动，但也是心让它们这样做的。所以要修身就应当体悟自己的心体，经常使心体保持恢宏公

正，没有任何不中正平和的地方。心一旦中正，眼睛自然能非礼勿视，耳朵自然能非礼勿听，口与四肢自然也能非礼勿言、非礼勿动，这就是修身在于端正人的心。

「然而，至善是心的本体，心的本体哪有不善呢？现在要正心，那么在本体的什么地方用功呢？只有在心的发动处才可以用功。心的发动不可能没有不善，所以必须在这里用功，这就是诚意。如果产生一个好善的念头，就踏踏实实地去行善；产生一个讨厌恶的念头，就踏踏实实地去除恶。如果意念的发动没有不诚的，那么，它的本体怎么可能有不正呢？所以想正心就在于诚意，功夫用到了诚意上才有着落。

「然而诚意的根本又在于致知。朱熹先生所谓人虽不知而己所独知，正是我们心中的良知之所在。然而，知道善却不依据良知去做，知道不善却不依据良知不去做，那么良知就会被蒙蔽，这就不能致知了。良知既然不能扩充彻底，那么，虽然知道善是好的，却不能踏踏实实地去落实；虽然知道恶是不好的，也不能踏踏实实地去除恶，这怎么能诚意呢？所以说，致知是诚意的根本。」

「当然也不是凭空去致知，致知要在实际的事上去格。例如，意在行善上，就应在行善的事上去落实；意在去恶上，就应在去恶的事上去落实。去恶固然是纠正不正使恢复中正，行善则使不善归正了，也是纠正不正使恢复中正。这样，我们的良知就不会被私欲蒙蔽，就可以发挥到极致，意的发动便是好善去恶，就没有不诚了。所以，诚意功夫切实入手的地方就是格物。像这样格物，人人都能做到，孟子讲人人都可以成为尧舜，正是从这个角度说的。」



【原文】

先生曰：「衆人只説格物要依晦翁，何曾把他的説去用？我著實曾用來。初年與錢友同論：做聖賢，要格天下之物，如今安得這等大的力量？因指亭前竹子，令去格看。錢子早夜去窮格竹子的道理，竭其心思，至於三日，便致勞神成疾。當初説他這是精力不足，某因自去窮格，早夜不得其理。到七日，亦以勞思致疾。遂相與歎聖賢是做不得的，無他大力量去格物了。及在夷中三年，頗見得此意思，乃知天下之物本無可格者，其格物之功，只在身心上做。決然以聖人爲人人可到，便自有擔當了。這里意思，卻要説與諸公知道。」

【译文】

先生说：「人人都说格物要遵照朱熹先生的观点，但他们何曾把他的学说付诸实践？我是认认真真地进行过实践。早年，我与姓钱的朋友一起讨论：做圣贤就要格天下万物，现在我们怎么能有这么大的力量？我就指着亭前的竹子，让他去格格看。他从早到晚去穷究竹子的道理，殚精竭虑，到第三天就由于太劳神而生病了。当时我说他这是精力不足，就自己去穷究，从早到晚也没明白竹子的道理。到第七天，我也因太劳神而生病。于是我们互相感慨，圣贤是

做不成了，没有那么大的精力去格物。后来在贵州龙场的三年里，对此颇有心得，才知道天下的事物本来没什么可格的，格物的功夫只需在身心上做。这才坚信人人都可以成为圣人，便有了圣人的使命感。这个道理，我要让你们都知道。」

【原文】

門人有言，邵端峰論童子不能格物，只教以灑掃應對之說。

先生曰：「灑掃應對就是一件物。童子良知只到此，便教去灑掃應對，就是致他這一點良知了。又如童子知畏先生長者，此亦是他良知處，故雖嬉戲中，見了先生長者，便去作揖恭敬，是他能格物以致敬師長之良知了。童子自有童子的格物、致知。」

又曰：「我這里言格物，自童子以至聖人，皆是此等工夫。但聖人格物，便更熟得些子，不消費力。如此格物，雖賣柴人亦是做得，雖公卿大夫以至天子，皆是如此做。」

【译文】

学生中有人说，邵端峰认为儿童不能格物，只能教给他们洒扫应答的道理。

先生说：「洒扫应答就是一件事，儿童的良知只达到这种程度，教教他们洒扫应答，就是致他们的这点良知。又比如儿童知道敬畏师长，这也是他们的良知所在，所以，即使他们正在玩耍，见到了师长，就会过来打拱作揖，这是他能格物来致尊敬师长的良知了。儿童自有儿童的格物、致知。」

先生又说：「我这里说的格物，从儿童到圣人，都是同样的功夫。但是圣人格物，功夫更熟练，不费力气。这样格物，即使卖柴的人也能做到，从公卿大夫到皇帝，都是这样做。」

【原文】

或疑知行不合一，以「知之匪艱」二句爲問。

先生曰：「良知自知，原是容易的。只是不能致那良知，便是『知之匪艱，行之惟艱』。」

門人問曰：「知行如何得合一？且如《中庸》言『博學之』，又説箇『篤行之』，分明知行是兩件。」

先生曰：「博學只是事事學存此天理，篤行只是學之不已之意。」

又問：「《易》『學以聚之』，又言『仁以行之』。此是如何？」

先生曰：「也是如此。事事去學存此天理，則此心更無放失時，故曰『學以聚之』。然常常學存此天理，更無私欲間斷，此即是此心不息處，故曰『仁以行之』。」

又問：「孔子言『知及之，仁不能守之』，知行卻是兩箇了。」

先生曰：「説及之已是行了，但不能常常行，已爲私欲間斷，便是仁不能守。」

【译文】

有人怀疑知行不能合一，向先生请教《尚书》中的「知之匪艰，行之惟艰」两句话。

先生说：「良知自然能知，原本是容易的。只是因为不能致良知，才会『知之匪艰，行之惟艰』。」

有学生问：「知行怎么能合一呢？就比如《中庸》中说『博学之』，又说一个『笃行之』，知行分明是两件事。」

先生说：「博学只是在每件事上学习存养天理，笃行就是不间断地学习的意思。」

又问：「《易经》说『学以聚之』，又说『仁以行之』，这是为什么？」

先生说：「也是这样。在每件事上学习存养天理，那么，心就没有放纵丢失的时候，所以说『学以聚之』。但是，经常去学习存养天理，又没有私欲中断，这就是本心生生不息的地方，所以说『仁以行之』。」

又问：「孔子说『知及之，仁不能守之』，知和行就成两件事了。」

先生说：「说及之，已经是行了。但不能常行不断，被私欲阻隔，这就是仁不能守。」



【原文】

又問：「心卽理之説，程子云『在物爲理』，如何謂心卽理？」

先生曰：「在物爲理，在字上當添一心字，此心在物則爲理。如此心在事父則爲孝，在事君則爲忠之類。」

先生因謂之曰：「諸君要識得我立言宗旨。我如今説箇心卽理是如何？只爲世人分心與理爲二，故便有許多病痛。如五伯攘夷狄，尊周室，都是一箇私心，便不當理。人卻説他做得當理，只心有未純，往往悦慕其所爲，要來外面做得好看，卻與心全不相干。分心與理爲二，其流至於伯道之僞而不自知。故我説箇心卽理，要使知心、理是一箇，便來心上做工夫，不去襲義於外，便是王道之真。此我立言宗旨。」

【译文】

又问：「关于心就是理的说法，程颐先生说在物为理，先生为什么说心就是理呢？」

先生说：「在物为理，在字前面应加一个心字，这个心在事物上就是理。比如，这心在侍奉双亲上就是孝，在辅佐国君上就是忠等。」

先生因此又说：「你们要明白我立论的宗旨，我为什么现在说心就是理？只因为世人把心与理分开，所以产生了许多毛病。例如春秋五霸抵抗夷狄，尊崇周王，都是为了自己的私心，

就不符合天理。一般人却说他们的行为符合天理，这是因为人们的心还不纯正，往往羡慕他们的事迹，只求表面上做得体面，与自己的内心毫无关系。把心和理分成两件事，其弊端是沦入霸道的虚伪却不知道。所以我说心就是理，是要让人们知道心和理是统一的，就在心上用功，而不去心外求义，这才是真正的王道。这就是我立论的宗旨。」

【原文】

又問：「聖賢言語許多，如何卻要打做一箇？」曰：「我不是要打做一箇，如曰『夫道，一而已矣』，又曰『其爲物不二，則其生物不測』。天地聖人皆是一箇，如何二得？」

【译文】

又问：「圣贤的话很多，为什么要把它概括成一个呢？」

先生说：「不是我要硬概括成一个，比如孟子就说『道只有一个』，《中庸》又说『其为物不二，则其生物不测』。天地、圣人都是一个整体，怎么能把它分成两个呢？」

【原文】

「心不是一塊血肉，凡知覺處便是心。如耳目之知視聽，手足之知痛癢，此知覺便是心也。」



【译文】

先生说：「心不只是一块血肉，凡有知觉的地方就是心。比如耳朵和眼睛知道听和看，手脚知道痛痒，这个知觉就是心。」

【原文】

以方問曰：「先生之說格物，凡《中庸》之慎獨及集義、博約等說，皆爲格物之事。」

先生曰：「非也。格物卽慎獨，卽戒懼。至於集義、博約，工夫只一般。不是以那數件都做格物底事。」

【译文】

以方问：「先生阐释格物，像《中庸》中的慎独、《孟子》中的集义、《论语》中的博约说法，都包括在格物中了吧？」

先生说：「不是。格物就是慎独、戒惧，至于集义和博约只是一般功夫。不能把它们都当成格物。」

【原文】

以方問「尊德性」一條。

先生曰：「道問學卽所以尊德性也。晦翁言『子靜以尊德性誨人，某

教人豈不是道問學處多了些子』，是分尊德、道問學作兩件。且如今講習討論，下許多工夫，無非只是存此心，不失其德性而已。豈有尊德性，只空空去尊，更不去問學，問學只是空空去問學，更與德性無關涉？如此，則不知今之所以講習討論者，更學何事？」

【译文】

以方问《中庸》中「尊德性」一条的意思。

先生说：「道问学就是为了尊德性。朱熹先生说『子静以尊德性诲人，某教人岂不是道问学处多了些子』，这是把尊德性和道问学看成两件事了。我们现在下很大功夫研究讨论，只不过是存养此心，使它不失德性罢了。哪有只凭空去尊德性而不去问学，只凭空去问学而与尊德性无关的呢？如果这样，就不知道我们今天这样研究讨论，究竟学的是什么？」

【原文】

問「致廣大」二句。

曰：「盡精微卽所以致廣大也，道中庸卽所以極高明也。蓋心之本體自是廣大底，人不能盡精微，則便爲私欲所蔽，有不勝其小者矣。故能細微曲折無所不盡，則私意不足以蔽之，自無許多障礙遮隔處，如何廣大不致？」



又問：「精微還是念慮之精微，是事理之精微？」

曰：「念慮之精微卽事理之精微也。」

【译文】

黄以方问《中庸》中「致广大而尽精微，极高明而道中庸」两句。

先生说：「尽精微是为了致广大，道中庸是为了极高明。因为人心的本体是广大的，不能尽精微，就会被私欲蒙蔽，在细微的地方就不能战胜私欲。所以，凡是能在细微曲折的地方尽精微，那么私意就不足以蒙蔽心体，自然就没有许多的障碍阻隔，心体又怎么能不广大呢？」

又问：「精微是意念的精微还是事理上的精微？」

先生说：「意念上的精微就是事理上的精微。」

【原文】

先生曰：「今之論性者紛紛異同，皆是説性，非見性也。見性者無異同之可言矣。」

【译文】

先生说：「现在谈论性的人，都在为观点的异同而争论，大家都是在谈性而不是见性。见性的人没有异同可争论。」

【原文】

問：「聲、色、貨、利，恐良知亦不能無？」

先生曰：「固然。但初學用功，卻須掃除蕩滌，勿使留積，則適然來遇，始不爲累，自然順而應之。良知只在聲、色、貨、利上用功，能致得良知精精明明，毫發無蔽，則聲、色、貨、利之交，無非天則流行矣。」

【译文】

有人问：「声、色、货、利，恐怕良知中也不能没有吧？」

先生说：「当然是这样。但刚开始用功时，必须要扫除涤荡，一点也不能残留，这样偶然遇到也不会成为负担，自然能按照良知顺利地应对。致良知就是要针对声、色、货、利下功夫，能把良知致得精纯光洁，没有一丝一毫的遮蔽，那么，同声、色、货、利打交道，也就都是天理的自然运行了。」

【原文】

先生曰：「吾與諸公講致知格物，日日是此，講一二十年俱是如此。諸君聽吾言，實去用功，見吾講一番，自覺長進一番。否則，只作一場話説，雖聽之亦何用？」

【译文】

先生说：「我给你们讲格物致知，天天如此，讲一二十年也还是如此。你们按我的话踏实用功，那么听我讲一次，就自然会觉得功夫长进一次。否则只把我的话当作一次泛泛的谈话，即使听了又有什么作用？」

【原文】

先生曰：「人之本體常常是寂然不動的，常常是感而遂通的。未應不得先，已應不是后。」

【译文】

先生说：「人的本体常常是寂静不动的，又常常是感应相通的，正像程颐先生说的那样：人的本体在未应中隐藏，在已应中显现，未应、已应互相包含，二者不是先后关系。」

【原文】

一友舉「佛家以手指顯出，問曰：『衆曾見否？』衆曰：『見之。』復以手指入袖，問曰：『衆還見否？』衆曰：『不見。』佛説還未見性。此義未明」。

先生曰：「手指有見有不見，爾之見性常在。人之心神只在有睹有聞上馳騖，不在不睹不聞上著實用功。蓋不睹不聞是良知本體，戒慎恐懼

是致良知的工夫。學者時時刻刻常睹其所不睹，常聞其所不聞，工夫方有箇實落處。久久成熟後，則不須著力，不待防檢，而真性自不息矣。豈以在外者之聞見爲累哉？」

【译文】

一位朋友举佛教的一个例子说：「佛伸出手指问：『大家看见了吗？』众人说：『看见了。』佛又把手指缩回袖子里，问：『大家还能看见吗？』众人说：『看不见了。』佛说你们还没见性。我不明白佛的意思。」

先生说：「手指有时能看见有时看不见，但你能悟到的性却是一直存在的。人的心神只在有见有闻上驰骋，不在不见不闻上踏实用功。不见不闻是良知的本体，戒慎恐惧是致良知的功夫。学者时时刻刻能看见眼睛看不见的东西，听到耳朵听不到的东西，功夫才会有落实的地方。时间长了，功夫纯熟后不需要费力，也不需要提防省察，真性自然会生生不息，怎么能被外在的见闻所左右、牵累呢？」

【原文】

問：「先儒謂：『鳶飛魚躍，與必有事焉同一活潑潑地？』」

先生曰：「亦是。天地間活潑潑地，無非此理，便是吾良知的流行不息。致良知便是必有事的工夫。此理非惟不可離，實亦不得而離也。無往而非道，無往而非工夫。」

【译文】

问：「程颢先生认为：『鸢飞鱼跃和必有事焉同样都是生动活泼的吗？』」

先生说：「这样说也对。天地间生动活泼的无非是这个天理，就是我们的良知不停运动变化，致良知就是必有事焉的功夫。天理不仅不可脱离，它也实在是脱离不了：世间的一切都是道，一切都是功夫。」

【原文】

先生曰：「諸公在此，務要立箇必爲聖人之心。時時刻刻須是一棒一條痕，一摑一掌血，方能聽吾説話句句得力。若茫茫蕩蕩度日，譬如一塊死肉，打也不知得痛癢，恐終不濟事。回家只尋得舊時伎倆而已，豈不惜哉？」

【译文】

先生说：「诸位在这里一定要立下做圣人的决心。每时每刻都要有一棒打出一条伤痕，一掌打出一道血印的精神，才能在听我讲学时，感到句句有力，印象深刻。如果整天糊糊涂涂混日子，好似一块死肉，打也不知道痛，恐怕最终也学不到真髓。回家后还是只把以前的老方法拿出来用，这难道不可惜呀？」

【原文】

問：「近來妄念也覺少，亦覺不曾著想定要如何用功，不知此是工夫否？」

先生曰：「汝且去著實用功，便多這些著想也不妨，久久自會妥帖。若才下得些功，便說效驗，何足爲恃？」

【译文】

有人问：「近来我觉得虚妄的念头少了，也不去想一定要怎么用功，不知这是不是功夫？」

先生说：「你只管踏实用功，就是有这些想法也不要紧，时间长了，自然会妥当。如果刚用了一点功夫就讲求效果，怎么能靠得住呢？」

【原文】

一友自歎：「私意萌時，分明自心知得，只是不能使他卽去。」

先生曰：「你萌時這一知處，便是你的命根；當下卽去消磨，便是立命工夫。」

【译文】

一位朋友感叹：「私欲产生时，我心里也十分清楚，就是不能把它马上清除。」



先生说：「私意萌发时你能觉察到，这一点，就是你的命根，也就是良知；当时立即去清除它，就是立命的功夫，也就是致良知的功夫。」

【原文】

「夫子說『性相近』，卽孟子說『性善』，不可專在氣質上說。若說氣質，如剛與柔對，如何相近得？惟性善則同耳。人生初時，善原是同的。但剛的習於善則爲剛善，習於惡則爲剛惡；柔的習於善則爲柔善，習於惡則爲柔惡，便日相遠了。」

【译文】

先生说：「孔子说的『性相近』，就是孟子说的『性善』，不能仅从气质方面说人性。如果仅从气质上说，刚和柔是对立的，怎么能相近呢？只在性善上是相同的。人刚出生时，性善原本是相同的，但气质刚烈的人受善的熏陶则表现为刚善，受恶的习染则表现为刚恶；气质柔顺的人受善的熏陶则表现为柔善，受恶的习染则表现为柔恶，差距就越来越远了。」

【原文】

先生嘗語學者曰：「心體上著不得一念留滯，就如眼著不得些子塵沙。些子能得幾多？滿眼便昏天黑地了。」

又曰：「這一念不但是私念，便好的念頭，亦著不得些子。如眼中放

些金玉屑，眼亦開不得了。」

【译文】

先生曾经对学者说：「人的心体上不能存留一丝杂念，就像眼里揉不得一点沙子。一点沙子能有多少？却使人满眼昏天暗地。」

又说：「这一念头不仅是指私念，就是好的念头也不能存留。比如眼中放一些金玉屑，眼睛也睁不开了。」

【原文】

問：「人心與物同體，如吾身原是血氣流通的，所以謂之同體。若於人便異體了，禽獸草木益遠矣，而何謂之同體？」

先生曰：「你只在感應之幾上看，豈但禽獸草木，雖天地也與我同體的，鬼神也與我同體的。」

請問。

先生曰：「你看這箇天地中間，甚麽是天地的心？」

對曰：「嘗聞人是天地的心。」

曰：「人又甚麽教做心？」

對曰：「只是一箇靈明。」



「可知充天塞地中間，只有這箇靈明，人只爲形體自間隔了。我的靈明，便是天地鬼神的主宰。天没有我的靈明，誰去仰他高？地没有我的靈明，誰去俯他深？鬼神没有我的靈明，誰去辯他吉凶災祥？天地鬼神萬物離卻我的靈明，便没有天地鬼神萬物了；我的靈明離卻天地鬼神萬物，亦没有我的靈明。如此便是一氣流通的，如何與他間隔得？」

又問：「天地鬼神萬物千古見在，何没了我的靈明，便俱無了？」

曰：「今看死的人，他這些精靈遊散了，他的天地鬼神萬物尚在何處？」

【译文】

有人问：「先生说人心与万事万物是一个整体，比如与我的身体原本是气血流通的，因此可以说是同体。如果相对于其他人，就是异体了，同禽兽草木的差距更远，怎么能说我的心与万物同体呢？」

先生说：「你只要从人与万物的微妙感应上看，不但禽兽草木，即使天地也与我同体，鬼神也与我同体。」

请先生解释。

先生说：「你看天地之间，什么是天地的心？」

回答说：「我听说人是天地的心。」

先生说：「人为什么是天地的心？」

回答说：「只是因为人有灵魂。」

先生说：「可见充满天地之间的只有人这个灵魂，人与天地万物只是被自己的形体隔开了。人的灵魂就是天地鬼神的主宰。天如果没有人的灵魂，谁去仰望它的高远？地如果没有人的灵魂，谁去俯视它的深厚？鬼神没有人的灵魂，谁去辨别它的吉凶与灾祥？天地鬼神万物离开了人的灵魂，就不成为天地鬼神万物了；人的灵魂离开了天地鬼神万物，也不存在了。因此，天地万物鬼神与人都是一气相通的，如何能把它们分开呢？」

又问：「天地鬼神万物，千古长存，为什么没有人的灵魂，便都不存在了呢？」

先生说：「你去看看那些死人，他们的灵魂都游散了，他们的天地万物鬼神又在哪里呢？」

【原文】

先生起行徵思、田，德洪與汝中追送嚴灘。汝中舉佛家實相、幻相之説。先生曰：「有心俱是實，無心俱是幻；無心俱是實，有心俱是幻。」汝中曰：「有心俱是實，無心俱是幻，是本體上説工夫；無心俱是實，有心俱是幻，是工夫上説本體。」先生然其言。洪於是時尚未了達，數年用功，始信本體工夫合一。但先生是時因問偶談，若吾儒指點人處，不必借此立言耳！

【译文】

先生被起用征讨思恩、田州，德洪和汝中一起把先生送到严滩。汝中向先生请教佛教中的实相、幻相问题。

先生说：「有心都是实相，无心都是幻相；无心都是实相，有心都是幻相。」

汝中说：「有心都是实相，无心都是幻相，这是从本体说功夫；无心都是实相，有心都是幻相，这是从功夫说本体。」

先生同意他的说法。

德洪当时尚不明白，又经过几年用功，才开始相信本体与功夫是统一的。但是，先生当时是因为汝中问话而偶然这样说，如果我们儒家要指点别人，就不必借用这种说法来立论了！

【原文】

嘗見先生送二三耆宿出門，退坐於中軒，若有憂色。德洪趨進請問。

先生曰：「頃與諸老論及此學，真圓鑿方枘。此道坦如道路，世儒往往自加荒塞，終身陷荆棘之場而不悔，吾不知其何説也！」

德洪退，謂朋友曰：「先生誨人，不擇衰朽，仁人憫物之心也。」

【译文】

我曾见过先生送两三位老先生出门，回来坐在长廊里，似乎面有忧色。

德洪上前问先生。

先生说：「刚才我与那几位老先生谈到致良知的学说，彼此之间简直就像圆孔和方榫一样格格不入。圣道像大路一样平坦，世俗的儒生往往自己把它荒芜阻塞了，终生陷在荆棘中不知道悔悟，我真不知道该说什么！」

德洪退下来对朋友说：「先生教育人，不管对象是否老朽，真是有一颗仁人爱物的心呀！」

【原文】

先生曰：「人生大病，只是一傲字。爲子而傲必不孝，爲臣而傲必不忠，爲父而傲必不慈，爲友而傲必不信。故象與丹朱俱不肖，亦只一傲字，便結果了此生。諸君常要體此。人心本是天然之理，精精明明，無纖介染著，只是一無我而已；胸中切不可有，有卽傲也。古先聖人許多好處，也只是無我而已。無我自能謙，謙者衆善之基，傲者衆惡之魁。」

【译文】

先生说：「人生最大的毛病就是一个傲字。做儿子的如果傲慢必定会不孝，做臣子的傲慢必定会不忠，做父亲的傲慢必定会不慈，做朋友的傲慢必定会不诚信。所以，象和丹朱都不贤明，也只是因为这个傲字断送自己的一生，你们要常常体会这一点。人心本来是天生的理，精明纯净，没有丝毫的沾染，只是一个无我罢了。因此，人心中千万不能有我，有我就是傲。古代圣人先贤的许多长处，也只是无我罢了。无我自然能谦虚谨慎，谦虚是所有善的基础，傲慢是所有恶的根源。」

【原文】

又曰：「此道至簡至易的，亦至精至微的。孔子曰：『其如示諸掌乎！』且人於掌，何日不見？及至問他掌中多少文理，卻便不知。卽如我良知二字，一講便明，誰不知得？若欲的見良知，卻誰能見得？」

問曰：「此知恐是無方體的，最難捉摸。」

先生曰：「良知卽是《易》，其爲道也屢遷，變動不居，周流六虛，上下無常，剛柔相易，不可爲典要，惟變所適。此知如何捉摸得？見得透時便是聖人。」

【译文】

先生又说：「圣道极其简单平易，也极其精微奇妙。孔子说：『就像看自己的手掌上的东西一样明白容易。』人哪天不看自己的手掌？可是当你问他掌上有多少纹理时，他却不知道。这就像我说的良知二字，一说就明白，谁不知道？如果要真的致良知，又有谁能做到呢？」

问：「这良知恐怕是没有方向、形体的，所以最难把握。」

先生说：「良知就如《易》理，其为道也屡迁，变动不居，周流六虚，上下无常，刚柔相易，不可为典要，惟变所适。这良知怎么才能把握得住呢？弄清这个问题就是圣人了。」

【原文】

問：「孔子曰：『回也，非助我者也。』是聖人果以相助望門弟子否？」

先生曰：「亦是實話。此道本無窮盡，問難愈多，則精微愈顯。聖人之言本自周徧，但有問難的人胸中窒礙，聖人被他一難，發揮得愈加精神。若顔子聞一知十，胸中了然，如何得問難？故聖人亦寂然不動，無所發揮，故曰非助。」

【译文】

有人问：「孔子说：『回也，非助我者也。』圣人是不是真的希望学生能帮助他呢？」

先生说：「这也是实话。圣道本来无穷无尽，疑难质问越多，精微奇妙之处就显现得越多。圣人的话本来就周密完备，但有问题疑难的人心中有困惑，圣人被他一问难，也就把圣道发挥得更加精确奇妙。如果像颜回那样听一知十，心里什么都清楚了，又怎么会发问呢？所以圣人也就寂静不动，没有什么发挥，因此孔子说颜回不能帮助我。」

【原文】

鄒謙之嘗語德洪曰：「舒國裳曾持一張紙，請先生寫『拱把之桐梓』一章。先生懸筆爲書，到『至於身，而不知所以養之者』，顧而笑曰：『國裳讀書中過狀元來，豈誠不知身之所以當養？還須誦此以求警？』一時在侍諸友皆惕然。」

【译文】

邹谦之曾经对德洪说：「舒国裳曾拿一张纸，请先生书写『拱把之桐梓』一章。先生拿起笔写到『至于身，而不知所以养之者』时，回过头笑着说：『国裳读书是中过状元的，难道不知道应该怎么修身吗？但他还要诵读这一章来警戒自己。』一时间在座的朋友们都警醒起来。」

【原文】

錢德洪跋

嘉靖戊子冬，德洪與王汝中奔師喪，至廣信，訃告同門，約三年收録遺

言。

繼後同門各以所記見遺，洪擇其切於問正者，合所私録，得若幹條。居吴時，將與《文録》並刻矣，適以憂去，未遂。當是時也，四方講學日衆，師門宗旨既明，若無事於贅刻者，故不復縈念。

去年，同門曾子才漢得洪手抄，復傍爲採輯，名曰《遺言》，以刻行於荆。洪讀之，覺當時採録未精，乃爲删其重復，削去蕪蔓，存其三之一，名曰《傳習續録》，復刻於寧國之水西精舍。

今年夏，洪來遊蘄，沈君思畏曰：「師門之教久行於四方，而獨未及於蘄。蘄之士得讀《遺言》，若親炙夫子之教，指見良知，若重睹日月之光。惟恐傳習之不博，而未以重復之爲繁也。請裒其所逸者增刻之，若何？」洪曰：「然。」師門致知格物之旨，開示來學，學者躬修默悟，不敢以知解承而惟以實體得，故吾師終日言是，而不憚其煩；學者終日聽是而不厭其數。蓋指示專一，則體悟日精，幾迎於言前，神發於言外，感遇之誠也。今吾師之殁，未及三紀，而格言微旨，漸覺淪晦，豈非吾黨身踐之不力，多言有以病之耶？學者之趨不一，師門之教不宣也。乃復取逸稿，採其語之不背者，得一卷。其餘影響不真，與《文録》既載者，皆削之。並易中卷爲問答語，以付黄梅尹張君增刻之。庶幾讀者不以知解承，而惟以實體得，則無疑於是録矣。

嘉靖丙辰夏四月，門人錢德洪拜書於蘄之崇正書院。

【译文】

嘉靖七年冬天，我和王汝中到江西上饶处理先生的丧事，向同学发出讣告，约定三年内收齐先生的遗言。

随后，同学们各把自己记录的遗言寄过来，我选择其中正确反映先生思想的，加上我自己记录的，共有若干条。在苏州时，我曾想把这些记录同先生的《文录》一并刊刻出版，刚好赶上我回家守丧，没能刊刻。当时，全国各地讲授先生学说的人一天比一天多，先生学说的宗旨已经昌明，好像没有必要再刊印出版，所以就没再考虑这件事。

去年，同学曾才汉先生得到了我的手抄本，又广为收集，取名为《遗言》，在江陵刻印出版。我看了以后，觉得当时收录得不精细，于是删去其中重复的，去掉了许多芜杂的内容，保留了遗言的三分之一，取名《传习续录》，在安徽宁国的水西书院刻印。

今年夏天，我到湖北蕲春，沈思畏先生对我说：「先生的教诲在其他地方传播已很久了，唯独还没有传播到蕲春。这里的士人读到《遗言》，就像亲自聆听了先生的教诲，明白了良知，就像重新看到了日月的光辉。他们只担心收集得不够广泛，并不因为其中有重复而认为它繁杂。

请你把散逸的部分收集起来增订出版，怎么样？」我说：「好。」先生致知格物的宗旨，开导启发了以后求学的人，学者潜心修炼，默默领悟，不敢只从知识上理解继承先生的学说，而希望通过实践来体悟。所以先生整天讲而不厌其烦，学生们整天听而不嫌重复。正因为先生指点得专一，所以学生们就体悟得日益精微。先生还没说话，学生已提前感悟；先生的言外之意，学生都能心领神会，充分体现了师生间心灵感应的真诚。

现在先生去世还不到三十年，他的格言和宗旨已经逐渐沦落昏暗，这难道不是我们做学生的实践不够、空谈过多而造成的弊端吗？学生的志向、目标不一致，先生的学术思想就不能发扬光大。于是我又收集了一些散逸的稿子，采纳其中不违背先生原意的内容，编为一卷。其余不够真切和《文录》中已经刊刻的，都删去。并把中卷改成问答的形式，交给黄梅的县令张先生增订出版。希望读者不仅从知识解释上来继承，而且从实践中体悟先生的学说，我才不会怀疑此书出版的价值。

嘉靖三十五年夏天四月，学生钱德洪谨拜书于蕲春崇正书院。